101 DICAS PRÁTICAS DE LIDERANÇA

JOHN BALDONI

101 DICAS PRÁTICAS DE LIDERANÇA

SEXTANTE

Título original: *The Leader's Pocket Guide: 101 Indispensable Tools, Tips, and Techniques for Any Situation*

Publicado originalmente por AMACOM, uma divisão da American Management Association, International, Nova York.

tradução
Isa Laxe

preparo de originais
Christiane Simyss

revisão
Flávia Midori, Juliana Souza e Melissa Lopes Leite

adaptação de projeto gráfico e diagramação
DTPhoenix Editorial

capa
Miriam Lerner

imagem de capa
KL!K / iStockphoto

impressão e acabamento
Cromosete Gráfica e Editora Ltda.

CIP-BRASIL. CATALOGAÇÃO NA PUBLICAÇÃO
SINDICATO NACIONAL DOS EDITORES DE LIVROS, RJ

B149c Baldoni, John
101 dicas práticas de liderança / John Baldoni [tradução de Isa Laxe]; Rio de Janeiro: Sextante, 2014.
224 p.; 14 x 21 cm.

Tradução de: The leader's pocket guide
ISBN 978-85-431-0085-2

1. Liderança. 2. Sucesso nos negócios. 3. Capacidade executiva. I. Título: cento e uma dicas práticas de liderança. II. Título.

14-10599 CDD: 658.4
CDU: 658.012.2

GMT Editores Ltda.
Rua Voluntários da Pátria, 45 – Gr. 1.404 – Botafogo
22270-000 – Rio de Janeiro – RJ
Tel.: (21) 2538-4100 – Fax: (21) 2286-9244
E-mail: atendimento@esextante.com.br
www.sextante.com.br

Aos profissionais, homens e mulheres,
que tive o privilégio de orientar.

Embora meu papel no desenvolvimento de suas carreiras tenha sido pequeno, eles foram fundamentais para que eu aprimorasse meu entendimento de liderança.

Serei eternamente grato.

Sumário

COLEGAS *51*

Prólogo

> "Quando já não somos capazes de mudar uma situação, o desafio está em mudar a nós mesmos."
>
> – Victor Frankl

HÁ TEMPOS QUE AS PESSOAS me perguntavam se eu não gostaria de colocar minhas ideias sobre coaching em formato de livro. Sempre achei que poderia ser interessante, mas queria ter a oportunidade de fazer mais que apenas juntar uma série de conselhos sobre o tema. Para tanto, fiz questão de ler e consultar mais de 100 artigos e textos que escrevi e sintetizá-los em noções simples, no intuito de oferecer insight, apoio e inspiração.

101 dicas práticas de liderança aborda questões que fatalmente surgem na carreira e na vida de diversos profissionais e apresenta as ideias de forma concisa e direta, seguidas de exercícios de autoanálise que simulam minhas consultorias sobre liderança. Também traz valiosos conselhos práticos e estratégicos.

Líderes experientes aprenderão novas abordagens que os incentivarão a pensar sobre problemas de formas diferentes e a aprimorar suas habilidades de liderança. Os iniciantes provavelmente acharão este livro original e dinâmico. E como as pessoas em posição de liderança sabem muito mais do que costumam admitir para si mesmas, garanto que todos aqueles que buscam autoafirmação poderão encontrá-la nestas páginas.

Este livro também se baseia em pesquisas recentes sobre o papel dos líderes e sobre as expectativas de seus subordinados.

Lembre-se das palavras do escritor Theodor Geisel, mais conhecido como Dr. Seuss: "Hoje é seu dia! A montanha está à sua espera. Então… não perca mais tempo."

Boa leitura e comece a liderar!

VOCÊ

"Descubra quem você é e faça questão de ser essa pessoa."

– Dolly Parton

A LIDERANÇA É MUITAS VEZES definida como uma jornada que começa, é claro, na linha de partida: você.

Antes de poder exercer a posição de chefe, você precisa aprender a liderar a si mesmo. O princípio fundamental da autoliderança é o desejo de fazer uma diferença positiva.

Descobrir o que você é capaz ou não de fazer é indispensável para o próprio desenvolvimento. Outro aspecto essencial é um completo entendimento não só de seus pontos fortes, mas também dos fracos. Para fazer a balança pender para o lado das qualidades é preciso desenvolver um profundo autoconhecimento, aprimorado por meio de tentativa e erro – ou, em outras palavras, da prática.

O que dizem as pesquisas...

Segundo um levantamento realizado em 2011 pela empresa de consultoria Hay Group, que entrevistou 4 milhões de profissionais em todo o mundo:

63% dizem:

"Meu trabalho me dá a oportunidade de desenvolver novas habilidades e novos talentos."

56% dizem:

"Tenho uma ideia clara dos possíveis rumos profissionais que posso tomar."

52% dizem:

"Mantenho-me informado sobre o que preciso fazer para crescer na empresa."

Pesquisas indicam que, em todo o mundo, os trabalhadores possuem expectativas de crescimento profissional. O próprio funcionário é o principal responsável pelo desenvolvimento de sua carreira. Cabe a ele aproveitar as oportunidades oferecidas.

1. Como se conhecer melhor

LÍDERES BEM-SUCEDIDOS são aqueles que conhecem muito bem a si mesmos.

Embora o autoconhecimento seja uma questão que a princípio parece não influenciar no trabalho, a falta de consciência das próprias limitações como líder afeta a capacidade de liderança. A seguir três perguntas que líderes podem fazer a si mesmos, ou a uma ou duas pessoas de confiança, sobre o próprio desempenho administrativo:

De que mais preciso? Essa pergunta pode parecer simples, pois qualquer líder dirá que precisa de mais tempo. A falta de tempo facilmente se torna uma justificativa para a incapacidade de lidar com problemas difíceis ou de finalizar projetos de forma satisfatória. Pergunte a si mesmo e a outras pessoas o que é necessário fazer mais; uma possível resposta é "fazer menos", isto é, aprender a delegar com mais frequência e se dedicar a pensar em soluções.

O que mais eu deveria fazer? Ao se concentrar em fazer menos, você pode aprender a delegar não somente tarefas, como também responsabilidades. Em geral, os executivos acham que precisam "meter a mão na massa", quando, na verdade, sua função deveria ser se dedicar às pessoas. Deixe que elas façam as respectivas atividades. Se, por acaso, não conseguirem, descubra o motivo. Talvez você necessite encontrar funcionários com um conjunto de habilidades diferentes ou oferecer treinamento, recursos e pessoal extra à equipe.

Como devo receber feedback? "O dia em que seus soldados pararem de lhe trazer problemas será o dia em que você parou de liderá-los", disse Colin Powell, ex-secretário de Estado dos Estados Unidos. "Ou não confiam mais que você possa ajudá-los ou concluíram que você não se importa."

Ninguém gosta de receber feedback negativo sobre si mesmo ou sobre o próprio trabalho, mas os líderes autoconscientes não só aceitam esse tipo de retorno, como o incentivam e até buscam recebê-lo, pois estão em um contínuo processo de aprendizado.[1]

Não existe desenvolvimento pessoal sem autoconhecimento e vontade de aprender mais sobre si mesmo.

Pense nisso...

Como você pode entrar em melhor sintonia consigo mesmo?

Tente pelo menos dedicar alguns minutos para refletir sobre como foi o dia. O que deu certo e o que você gostaria de ter feito melhor?

Fique atento a qualquer feedback que receber e não se esqueça de agradecer por ele.

Autoconhecimento = insight + prática

2. Pense de forma mais crítica

PENSAMENTO CRÍTICO É A CAPACIDADE DE AVALIAR OPINIÕES, pesar alternativas e tomar decisões fundamentadas.

Questione o senso comum. Pensar de forma crítica significa fazer perguntas e buscar descobrir os *porquês* por trás de cada proposta. Normalmente, questionamos o senso comum quando algo sai errado. As crises podem propiciar a melhor forma de pensamento crítico, pois forçam você a indagar como e por que houve problemas.

Adote diferentes perspectivas. Tire proveito da diversidade que existe no atual ambiente corporativo. Um engenheiro brasileiro pode não encarar um problema da mesma forma que um estrangeiro. Ainda que ambos tenham as mesmas ferramentas para solucioná-lo, a experiência distinta de ambos oferece valiosos insights.

Identifique oportunidades. Romper com o senso comum e obter perspectivas variadas são habilidades dedutivas. Pensar de forma crítica também significa ter uma veia criativa que lhe permita enxergar oportunidades onde outros veem apenas obstáculos. Por exemplo, um executivo pode considerar uma dificuldade de produção um problema, enquanto um sagaz estrategista pode percebê-la como uma chance de reestruturar todo o processo para produzir algo novo.

Existe ainda um aspecto adicional do pensamento crítico, fundamental para o líder moderno: **o gerenciamento da ambiguidade**. A velocidade de desenvolvimento do mundo empresarial, aliada a fatores globais e a complexas cadeias de suprimento, determina que você jamais conhecerá todas as variáveis de um negócio. Portanto, é necessário se acostumar a trabalhar em um ambiente em que as mudanças são constantes e no qual é preciso tomar decisões rapidamente.

> **Em um mundo cada vez mais incerto, existe pelo menos uma certeza: precisamos de pessoas que saibam pensar de forma crítica, analisar situações, enxergar oportunidades onde outros talvez vejam obstáculos e agarrá-las, por meio de rápidas decisões.**

3. O caráter acima da perfeição

A INTEGRIDADE É A BASE DE UMA BOA LIDERANÇA. É aquilo de que os gestores precisam para insistir em fazer o certo, da maneira certa.

A integridade não é um processo, mas um valor praticado pelos indivíduos, sejam gestores ou subordinados.

Como um executivo experiente me disse certa vez: baseie-se no caráter de um funcionário para contratá-lo. Não espere que uma característica inexistente possa vir a se desenvolver. Se uma pessoa não tem os requisitos morais necessários, você não conseguirá mudar isso.

> **Como todos nós, os gestores querem ser bem-sucedidos, e, como o sucesso deles depende de conseguirem as melhores pessoas possíveis para suas equipes, bons administradores estão sempre em busca de novos talentos.**

4. Sim, o que as pessoas pensam de você faz diferença

EXECUTIVOS INTELIGENTES SABEM que a marca vai além do produto ou serviço, pois ela abrange o modo e o motivo pelo qual você se relaciona com os consumidores mais o que eles pensam a seu respeito.

Pelo fato de os líderes obterem pouquíssimos resultados sozinhos, eles precisam de outras pessoas para alcançar uma meta. A maneira como elas os veem é importante para incentivar a fidelidade.

Como nos ensina o historiador e autor de livros sobre liderança James MacGregor Burns, as equipes seguem um líder por terem valores semelhantes aos dele.

Assim, a reputação de um líder é fundamental para o desenvolvimento da confiança, que, por sua vez, faz todos trabalharem juntos para atingir objetivos mutuamente benéficos.[2]

> **A fidelidade depende da maneira como um líder cultiva sua reputação, que é a soma de tudo que ele conquista com a forma como o faz.**

5. Aprimore seu estilo de liderança

SEU ESTILO COMO LÍDER é um reflexo de como as pessoas o veem.

Líderes são julgados por suas conquistas, alcançadas apenas quando os outros reconhecem sua autoridade e os apoiam. É essa reciprocidade que determina um estilo bem-sucedido de liderança. Cultive o seu da maneira certa. Veja a seguir algumas sugestões:

Deixe seus exemplos falarem por você. O que um líder fala é importante, mas o que ele faz importa ainda mais. Cumprir suas promessas e arcar com as consequências aumentam a probabilidade de você ser respeitado e seguido. Deixar de cumprir um prazo não é necessariamente um fracasso nesse sentido. Não dar um bom exemplo, sim.

Defenda suas convicções. Nada revela melhor a verdadeira marca de um líder que sua atitude em momentos difíceis. Optar pelo mais conveniente é a ruína para muitos executivos promissores. Uma decisão é uma escolha de liderança. Bons líderes defendem seus pontos de vista e agem de acordo com eles. Pode ser que nem sempre eles vençam, mas todo mundo conhece suas convicções e seus princípios.

Transmita esperança e confiança. Líderes precisam dar às pessoas um motivo para elas acreditarem em si mesmas. Eles são capazes de pensar à frente e identificar as possibilidades que os aguardam adiante. Bons líderes também conseguem fazer os outros perceberem as mesmas oportunidades. Enxergar o futuro com esperança e, então, demonstrar a confiança necessária para fazer acontecer são aspectos fundamentais da liderança.[3]

Quando falamos de reputação, o *que* você faz às vezes é menos importante que a *forma* como faz. A capacidade de um líder de agir do jeito certo está diretamente relacionada com a habilidade dele de tratar as pessoas adequadamente. O *que* um líder faz é parte de sua missão; a *forma* como o faz determina seu legado.

Pense nisso...

Como as outras pessoas veem você e o que você faz?

A liderança depende da percepção alheia e deve refletir seu caráter. Mas isso só acontecerá se você liderar por meio de exemplos.

Tente se lembrar de uma ocasião em que tenha mostrado a seus funcionários o que significa liderar por exemplos. O que isso revelou sobre os valores que você tem?

Pense em outras três ocasiões nas quais você tenha liderado dessa forma e tenha sido capaz de demonstrar na prática os seus valores.

Estilo de liderança = autenticidade + empatia

6. Por que assumir a responsabilidade é importante

A RESPONSABILIZAÇÃO É UMA DAS BASES da coerência corporativa. Esse conceito significa assumir a responsabilidade pelo desempenho e pelos resultados apresentados e está na raiz de uma chefia autêntica. Se não agir com base nele, um gestor terá dificuldade em liderar seus funcionários.

A liderança oferece um dos pilares para uma administração eficiente: o rigor operacional, que envolve processos, políticas e pessoas, e deve ser aplicado de modo a garantir que uma organização funcione com harmonia.

A responsabilização revela uma boa administração, pois reforça a importância de agir da maneira certa e de cumprir prazos. Um gestor negligente pode tentar responsabilizar os funcionários pelos resultados apresentados, mas, quando a administração é fraca, acaba refletindo nos números.

Enquanto a gestão diz respeito ao âmbito administrativo, a liderança inspira e motiva, concentrando-se no que deve ser feito para garantir que a organização e os funcionários tenham sucesso.

A responsabilização é fundamental porque o líder precisa tomar decisões difíceis. Um líder que não se responsabiliza pela empresa agirá em benefício próprio (ou de alguns poucos membros), em vez de defender a posição mais adequada para ela.[4]

Assumir a responsabilidade é importante não só para os líderes, mas, talvez, até mais para os funcionários da empresa, que esperam deles uma gestão eficaz e uma boa liderança.

7. A escolha de gerenciar

TORNAR-SE UM GESTOR exige muita coragem. Para muitas pessoas, significa abrir mão do que realmente gostam de fazer. Afinal, foram promovidos por serem bons em suas atribuições. Muitas vezes, porém, ninguém pergunta a esses futuros administradores se, de fato, eles querem a promoção – pior ainda, nem sempre estão preparados para gerenciar equipes. Então, antes de aceitar essa mudança, faça a si mesmo as três perguntas a seguir:

Por que quero assumir a gerência? Funcionários tecnicamente competentes em geral gostam do que fazem. Muitos querem continuar sendo designers, engenheiros ou cientistas; para eles, gerenciar tem um teor meramente administrativo, não algo digno das habilidades que possuem. Pergunte-se se realmente é isso que você quer e, em caso afirmativo, por quê? Um salário maior e mais prestígio podem ser incentivos, mas não bastam para sustentar uma carreira.

Que tipo de trabalho renunciarei ao me tornar gerente? Ao passar para a gerência, você abrirá mão exatamente do que o tornou apto para a promoção. Até então, sua competência se baseava no que você sabia fazer de melhor. Assumir um cargo de chefia significa supervisionar outros funcionários com as funções que você tinha antes. Será preciso se acostumar com a ideia de abdicar do que faz bem para ajudar outras pessoas a fazê-lo.

Onde posso buscar ajuda? Assumir um cargo de gerência é um grande desafio. Saiba onde buscar ajuda enquanto ainda estiver aprendendo a função. Ter um coach ou mentor pode ser muito útil. Informe-se também sobre os programas de treinamento em gestão oferecidos por sua empresa ou por alguma faculdade de administração da região.

> **Aqueles que escolhem se tornar gerentes podem vir a descobrir um dos prazeres secretos da gestão: conduzir uma equipe rumo ao sucesso. Os que vencem esse desafio são chamados de líderes!**

8. A escolha de *não* gerenciar

NÃO TENHA MEDO DE DIZER "NÃO"!

Alguns funcionários têm o bom senso (e o autoconhecimento) necessário para recusar uma promoção.

Tornar-se gerente pode significar deixar de fazer o que você mais gosta. Gerentes passam a maior parte do tempo fornecendo recursos para outras pessoas trabalharem. Pode ser recompensador, mas, caso prefira se concentrar nas próprias habilidades, talvez chefiar uma equipe não seja a melhor escolha para você.

Se você se sente à vontade no cargo atual e se seu valor é reconhecido na empresa, contente-se em continuar concentrado em sua verdadeira paixão, em vez de se tornar gerente.

Pense nisso...

Como você se certifica de assumir total responsabilidade pelas decisões que tomou?

Como aceita as consequências de seus atos?

Tente se lembrar de alguma ocasião em que algum superior seu não tenha assumido as consequências das próprias atitudes. Que efeito a empresa sofreu? O que você teria feito diferente?

Assumir a responsabilidade já começa quando se aceita a função de gerenciar uma equipe. Você está preparado para isso?

Responsabilização =
responsabilidade + consequências

9. Desenvolva confiança para liderar

CONQUISTAS GERAM CONFIANÇA.

Identificar seus pontos fortes não é o mesmo que escrever seu currículo; concluir a graduação e conseguir um bom emprego são momentos de destaque, é claro, mas, quando o assunto é autoconfiança, é preciso ir além. Seguem três perguntas que podem ajudá-lo a revelar seus maiores talentos:

O que você faz bem? Faça uma lista das habilidades que lhe permitiram alcançar o sucesso até o momento. Concentre-se em seus talentos, no que faz de melhor. Por exemplo, talvez você tenha uma grande habilidade conceitual: pensar de forma estratégica, ter uma visão global ou enxergar oportunidades em determinadas situações. Habilidades como essas são trunfos; reconhecê-los é mérito próprio.

Por que as pessoas deveriam seguir sua liderança? Liderar exige um nível elevado de autoconhecimento, então reflita sobre como você lida com problemas e encontra soluções. Pense nas ocasiões em que se mobilizou junto com sua equipe para enfrentar um trabalho difícil. Talvez tenha assumido um projeto complicado e o transformado em um sucesso ou descoberto novas maneiras de reduzir custos e aumentar a produtividade quando outros pensavam ser impossível. Nesses momentos, e em outros de que se lembra, você deu às pessoas um motivo para acreditarem em sua capacidade de alcançar o resultado esperado.

O que você fez para conquistar a confiança da equipe? Essa pergunta deverá lhe trazer à mente tudo que você já fez para merecer a fidelidade de seus funcionários. Talvez tenha acalmado um conflito entre dois colegas ou assumido a liderança em algum projeto que ninguém mais queria aceitar. Ou então feito um esforço especial para que o trabalho da equipe fosse reconhecido pela alta gerência. Provavelmente, as pessoas veem em você um líder que traz a responsabilidade para si.[5]

Reflita sobre o que possibilitou todas as suas conquistas até hoje. Quando fizer isso, concentre-se nos pontos positivos, ou seja, nos momentos bem-sucedidos – aquelas vezes em que você foi brilhante e ajudou tanto a si mesmo quanto a equipe a alcançar determinada meta.

10. Projete confiança

A AUTOCONFIANÇA SE BASEIA EM TRÊS ATRIBUTOS:

Realismo. Líderes confiantes são aqueles que conseguem encarar a realidade sem titubear e possuem uma força interior que lhes possibilita avaliarem as adversidades e se manterem fiéis aos objetivos.

Otimismo. Líderes precisam compartilhar seu senso de confiança com a equipe, o que não significa ver o mundo em cor-de-rosa. É preciso falar sobre o que está dando certo, sim, mas também encarar a realidade e deixar claro o que as pessoas podem fazer para melhorar a situação.

Determinação. A perseverança é uma forma de confiança. Você não é obrigado a ter todas as respostas; na verdade, pode até acontecer de não ter nenhuma. O importante é saber que sua função como líder é manter a organização nos trilhos até a tempestade passar.

Realismo, otimismo e determinação inspiram confiança, algo que líderes devem buscar projetar diariamente.

11. Três formas de renovar a esperança

SE EXISTE UM LÍDER QUE ME SERVE DE FONTE quase inesgotável de inspiração, ele é Winston Churchill.

Embora a história geralmente o mencione no auge do poder, quando liderou a Grã-Bretanha durante os horrores da Segunda Guerra Mundial, gosto de pensar sobre o Churchill de 1915, afastado do governo após o fiasco no estreito de Dardanelos, fracassado plano de invadir a Turquia.

O Churchill desse período nos ensina que é possível nos recuperarmos de nossos erros se nos responsabilizarmos por essa recuperação, algo que deveria soar familiar para qualquer executivo. No entanto, qualquer atitude após uma adversidade deve ser precedida por um período de reflexão e renovação. Seguem três maneiras de fazê-lo:

Reflita. Dê um passo para trás, considere o que aconteceu e examine a situação de todos os ângulos. Discuta com colegas o que funcionou ou não. Avalie seu desempenho e tente descobrir o que poderia ter feito diferente. Agora que sabe o resultado, use esse conhecimento para se preparar para o futuro.

Recarregue as energias. Agora, esqueça o fracasso e busque maneiras de se reconectar consigo mesmo, por meio de atividades físicas ou passando mais tempo com os amigos e a família. Mantenha-se ocupado; não perca tempo com o passado. Churchill pintava. O que você gosta de fazer? Encontre algo capaz de reconectar sua mente com sua alma. Você pode ter perdido uma batalha, mas não perdeu a vida. Continue pensando positivo.

(Re)Aja. Você precisa fazer algo. Se continua no mesmo emprego, aplique as lições aprendidas com o fracasso. Oriente a equipe. Se mudou de emprego, busque maneiras de aproveitar essas amargas lições no novo cargo. Tenha em mente que você agora é uma pessoa diferente, mais forte em muitos aspectos, por ter suportado a pressão da derrota. Canalize as energias para o trabalho, mas mantenha-se em sintonia consigo mesmo e com as pessoas a seu redor.

Entenda que fracassar não é o fim. O Churchill de 1915 preparou o caminho para o de 1940, que salvaria a nação.[6]

> Churchill disse certa vez: "Um pessimista vê dificuldade em cada oportunidade; um otimista vê oportunidade em cada dificuldade."

Pense nisso...

De que maneiras você pode desenvolver sua confiança como líder?

Tente se lembrar de uma ocasião em que a falta de confiança em si mesmo possa tê-lo prejudicado. O que aconteceu e por quê? O que você fará diferente da próxima vez?

Dê um exemplo de uma atitude sua que tenha ajudado a desenvolver a própria autoconfiança.

Como você transmite sua confiança para terceiros?

Autoconfiança = conquistas + convicção

12. Aja como líder

BONS LÍDERES TÊM NOÇÃO DE PRESENÇA, o "algo mais" de uma boa liderança.

A presença é uma combinação de autoridade, autenticidade e acessibilidade. Para tê-la, é preciso ser capaz de agir de modo que as outras pessoas acreditem que você está no controle.

Crie um personagem. Assim como atores aprendem a interpretar seus papéis, líderes precisam fazer o mesmo. A primeira lição é estabelecer contato com a equipe. Um gerente que passa o dia inteiro na mesa de trabalho, delegando tarefas por e-mail, pode estar cumprindo sua função administrativa, mas está ignorando o vínculo pessoal que só o diálogo é capaz de estabelecer. Estas interações podem ocorrer mesmo que você esteja distante de seu interlocutor. Ligue para ele ou faça uma videoconferência.

Ouça com atenção. Atuar é, em grande parte, reagir ao que os outros têm a dizer. Você só vai saber o que as pessoas pensam se parar para ouvi-las. Infelizmente, na maioria das vezes, saber ouvir é uma habilidade tão importante quanto negligenciada. Mas, como ator, você precisa se concentrar no outro para saber o que esperar da equipe.

Espalhe otimismo. As pessoas querem acreditar em seu líder, ainda que pelo simples fato de facilitar a própria vida. Elas querem ter a certeza de que seu trabalho faz diferença. Cabe ao líder lhes fornecer essa segurança. Mesmo nos cenários mais complexos, o líder precisa estar em sintonia com a equipe; é preciso ouvir e evitar conversas despropositadas.

No fim das contas, líderes fazem o necessário para o bem da empresa.

13. Quatro maneiras de liderar com presença

LÍDERES QUE POSSUEM UMA PRESENÇA EFICIENTE são aqueles que usam sua autoridade em benefício da empresa.

Veja como fazer isso:

Esteja a par da situação. Alguns executivos podem dar a entender que têm presença, quando, na verdade, trata-se de lábia. Se quiser motivar sua equipe, é preciso ter um profundo conhecimento de tudo que está ocorrendo.

Imponha respeito. Em um líder de presença, a autoridade cai como uma luva. As pessoas notam como ela é inerente à sua atitude e se sentem confortáveis a seu lado. Um líder que não transmite autoridade terá dificuldade em conquistar a fidelidade dos funcionários.

Ofereça esperança. Quando as pessoas procuram inspiração, muitas vezes estão em busca de esperança. Líderes devem ser capazes de oferecê-la. Ela traz uma sensação de possibilidade – de que, se fizermos o que o líder pedir, teremos sucesso.

Seja humilde. Transmitir autoridade não significa ignorar limitações pessoais. Bons líderes são aqueles que conhecem as próprias deficiências. A humildade afeta a inspiração de forma muito direta: o verdadeiro líder reconhece que só alcançará o sucesso com a ajuda da equipe.

Um líder humilde atrai as pessoas não porque tem todas as respostas, mas porque reconhece que os outros também têm boas sugestões a oferecer.

Pense nisso...

De que maneiras você pode se tornar um líder de presença?

Você está dando motivos para as pessoas acreditarem na sua liderança?

O que tem feito ultimamente para mostrar que confia em sua equipe?

O que tem feito para garantir que as pessoas confiem em você?

Presença como líder = autenticidade + "algo mais"

14. Desenvolva resiliência

A RESILIÊNCIA É UMA CARACTERÍSTICA FUNDAMENTAL da liderança, especialmente porque o mundo empresarial precisa de líderes que, depois de um fracasso, sejam capazes de se reerguer e tentar novamente.

Tenha em mente as quatro qualidades a seguir:

Perseverança. Essa é uma qualidade que o impedirá de desistir, sobretudo diante de obstáculos. A determinação é aquela garra que o faz buscar maneiras de contornar desafios e também oferece a tenacidade necessária para continuar tentando.

Autenticidade. As pessoas querem líderes "legítimos". Existe tanta enganação em nossa cultura de celebridades que os funcionários logo desconfiam daqueles gerentes que só pensam em si mesmos: se deu certo, o crédito é dele; se não, a culpa é dos outros. Hoje em dia, toda equipe quer alguém disposto a assumir a responsabilidade, mesmo quando o pior acontece.

Perspectiva. Fracassar não é motivo de vergonha. O que importa é sua capacidade de se levantar de novo. Às vezes, as adversidades deixam as pessoas tão abaladas e prejudicam tanto sua autoconfiança que elas perdem a noção de perspectiva. Não há problema algum em ficar decepcionado, a não ser que isso se transforme em derrotismo. Líderes resilientes enxergam mais longe e nunca ficam deprimidos demais quando fracassam nem muito eufóricos se alcançam o sucesso. Eles mantêm a perspectiva ampla.

Confiança. É por meio de conquistas que desenvolvemos autoconfiança. Mas tome cuidado: confiança em excesso pode se tornar arrogância, o que acaba por afastar as pessoas. A falta de confiança surte o mesmo efeito, pois ninguém quer seguir um líder que não acredita em si mesmo.[7]

> Resiliência é um atributo que todo líder precisa ter; trata-se da determinação para se recuperar de um fracasso e da força para perseverar.

Pense nisso...

Como você demonstra resiliência e perseverança?

Onde você busca força para perseverar? Como se mantém motivado a correr atrás de um objetivo difícil de ser alcançado?

Por quanto tempo se permite reavaliar o passado e o que faz para se preparar para o desafio seguinte?

Você realiza atividades que lhe possibilitem manter a resiliência e não se deixar abater?

Resiliência = perseverança + prática

15. Evite focar o que poderia ter sido feito

DIZEM QUE O QUE VOCÊ FAZ quando acha que ninguém está olhando é o que define seu caráter. O mesmo se aplica à gentileza, a noção de dignidade que levamos para as interações pessoais.

Quando estamos decepcionados, é grande a tentação de descontarmos nossa frustração nos outros. Ficamos remoendo o que poderíamos ou deveríamos ter feito, quando, na verdade, isso não faz diferença alguma.

Não importa se você perdeu a oportunidade, mas sim o que fará em seguida. Remoer o passado – por mais de meia hora – é inútil.

Em vez disso, sente-se e tenha uma conversa séria com você mesmo. Reflita sobre o que fez certo, assim como sobre o que poderia ter feito diferente para obter sucesso. Provavelmente, você fez o melhor que pôde no momento.

Por fim, aprenda com a experiência. Pense sobre o que pode aprimorar da próxima vez – e isso inclui não fazer o mesmo tipo de trabalho novamente se achar que está fora de sua alçada ou de suas capacidades.

> "Não deixe o ontem ocupar demais o hoje", disse o lendário treinador de basquete John Wooden. Siga em frente.[8]

16. Faça as pessoas acreditarem em si mesmas

FAZER OS OUTROS SEGUIREM SUA LIDERANÇA é o que todo líder deve buscar. Uma boa maneira de incutir esse tipo de fidelidade é incentivar as pessoas a acreditarem em si mesmas.

Foi essa habilidade que Ronald Reagan explorou quando concorreu à presidência. Quando eleito, em 1980, os Estados Unidos estavam sofrendo por causa de uma recessão. Ele fez as pessoas se concentrarem no futuro e no que aconteceria se o elegessem. E venceu.

Para suscitar o espírito de confiança nas pessoas é preciso, além de acreditar que elas podem fazer o trabalho, assumir o compromisso de ajudá-las a executá-lo. O líder também precisa dar apoio contínuo à equipe, especialmente quando surgem dificuldades. O pensamento positivo deve superar o pessimismo.

Pessoas que acreditam em si mesmas e em uma causa maior são capazes de obter grandes conquistas – desde que tenham um líder bem-intencionado para indicar o caminho certo.

> Aqueles que incentivam as pessoas a acreditarem em si mesmas são o tipo de líder que elas desejam seguir.

Pense nisso...

De que maneiras você demonstra ser um líder que "não inventa desculpas"?

Tente se lembrar de uma ocasião específica em que tenha se recusado a criar justificativas e preferido se concentrar em fazer o trabalho da maneira certa. O que aprendeu sobre si mesmo?

Em sua opinião, qual a melhor forma de deixar claro que você acredita nas pessoas? Que atitudes pode tomar para convencê-las a segui-lo? O que falta para colocá-las em prática?

Responsabilidade = autoridade + compromisso

17. Assuma o controle dos próprios medos

SE UMA EMPRESA ESTÁ PASSANDO por maus momentos, o medo pode ser endêmico.

No entanto, os gestores não podem demonstrar seus receios para a equipe, pois essa postura transmite a mensagem errada e pode fazer os funcionários perderem a esperança. A maneira como os líderes lidam com o medo é muito importante.

Experimente as seguintes estratégias:

Seja realista. Fracassar nos negócios não é o maior medo de um grande líder. Seu maior temor é que seu desempenho esteja abaixo das expectativas. Mesmo assim, é fundamental se preparar para essa possibilidade. Uma forma de fazê-lo é usando a imaginação. Visualize uma situação hipotética em sua mente e cada atitude que tomaria para lidar com ela. Refletir sobre essas hipóteses pode lhe trazer o consolo de saber quais seriam as consequências. Muitas vezes, o desconhecido é muito mais apavorante que o familiar. "O medo torna o lobo maior do que é de verdade", diz um provérbio alemão.

Desabafe com um amigo. Converse sobre o assunto com um amigo, de preferência que não seja seu subordinado. Você pode "encenar" a situação com ele para tentar ver a questão de outro ângulo. Peça a um colega que lhe faça perguntas. Muitas vezes, o simples gesto de falar em voz alta já ajuda. Verbalizar a situação obriga você a enquadrá-la de formas que podem trazer mais esclarecimento.

Busque inspiração. Encontre uma válvula de escape para o medo. Exercícios sempre fazem bem; manter-se em forma é saudável para você. Alguns buscam esperança na fé; outros se envolvem em algo completamente diferente: treinando um time, fazendo trabalho voluntário ou distribuindo alimentos para pessoas carentes. Esse tipo de atividade pode ser gratificante, pois ajudar o próximo o faz parar de pensar em si mesmo.

Relaxe. Ficar alimentando seus medos não leva a lugar algum. Você precisa se livrar dessa mentalidade. Não encare a situação tão a sério. Busque maneiras de desviar a atenção do assunto, como jantar fora, ir ao cinema, visitar amigos ou simplesmente fazer uma longa caminhada.[9]

> **O medo é uma realidade quando estamos passando por momentos difíceis, e a maneira como você lida com ele é o que determina uma liderança eficiente. Para enfrentar seus temores, reconhecer que eles existem e decidir seguir em frente, é preciso determinação e coragem.**

18. Seja honesto consigo mesmo

UM LÍDER DEVE SER SINCERO CONSIGO MESMO. Compreender o que você é ou não capaz de fazer é fundamental para liderar bem uma equipe.

Olhe-se no espelho. Reflita sobre o que está fazendo agora e sobre o que poderia fazer melhor. Não seja excessivamente crítico quanto ao seu desempenho. A perfeição não só é inatingível, como também um falso ideal que conduz à frustração e ao sofrimento. É melhor ser realista em relação ao que foi feito no passado e ao que poderá ser feito no futuro.

Faça questão de dizer a verdade. Assuma a responsabilidade pelos valores que defende. Chame um parceiro de confiança para supervisioná-lo. Peça a ele que confira se você está sendo coerente com o próprio discurso no que se refere a trazer a responsabilidade para si. Se quiser que as pessoas confiem em você, pense no que está fazendo para conquistar essa confiança. Nunca é fácil liderar, mas, quando os recursos são escassos e as pressões financeiras aumentam, é ainda mais essencial que um líder seja visto e ouvido.

Coloque suas crenças em prática. Como você quer ser lembrado? Como o primeiro a acusar os outros ou como aquele que divide o crédito com a equipe? Quer ser considerado alguém que entendia muito sobre sua área de atuação na mesma proporção que conhecia seus funcionários? Que soube administrar sua carreira tão bem quanto as necessidades alheias? Estas podem ser perguntas simples, mas, quando respondidas com franqueza, são capazes de gerar um diálogo sincero. Então, reserve um tempo para descrever a maneira como gostaria de ser lembrado, não necessariamente depois de sua morte, mas quando sair do atual emprego.

> Líderes que buscam exercer seu papel com honestidade são os que encontram o equilíbrio entre o autoconhecimento e a vontade de fazer uma diferença positiva.

Pense nisso...

Como você gostaria de ser definido pelas outras pessoas?

Tente se lembrar de uma ocasião específica em que tenha reconhecido seus medos sem perder a calma. O que aprendeu com essa experiência?

O que pode fazer para se manter concentrado nos resultados positivos?

O que pode fazer neste instante para demonstrar suas convicções em atitudes que ajudem outras pessoas a alcançarem o sucesso?

Autoimagem = fraqueza + sinceridade

19. O que você faz para agregar valor?

AS EMPRESAS ESTÃO SEMPRE BUSCANDO REFORMULAR a proposição de valor de seus produtos, e os gerentes deveriam fazer o mesmo.

No caso das empresas, elas adaptam as características, os benefícios e os preços dos produtos que oferecem. Os gerentes, por sua vez, devem reavaliar os serviços que prestam aos funcionários. As três perguntas a seguir podem ajudá-lo nesse processo de reestruturação:

Como posso continuar a agregar valor à minha equipe? A resposta está em definir o que você faz agora em comparação ao que precisa fazer em seguida. Quando você assume mais responsabilidades, é necessário encontrar maneiras de delegar parte de suas tarefas. Talvez também seja o caso de eliminar certas atividades, como relatórios, reuniões ou viagens. Você precisará chegar à essência de sua função e desempenhá-la junto àqueles que mais necessitam de sua ajuda. Isto é, deixará de executar o trabalho para passar mais tempo orientando a equipe.

Que obstáculos estão me impedindo de dar essa contribuição? Geralmente, dois dos maiores obstáculos são seu chefe e sua equipe! Você precisa se reunir com seu superior e chegar a um acordo quanto a seu papel e, especialmente, discutir de que forma seu relacionamento com ele pode ser afetado. Seus funcionários precisam se preparar para tomar mais decisões e assumir novas responsabilidades quando você não estiver por perto.

Como posso tornar essa contribuição permanente? Refletir agora sobre como se preparar para agir mais à frente é essencial para o futuro de sua equipe e da empresa. Quando o foco se afasta de você, todos têm oportunidade de se destacar e de participar de forma mais ativa nas decisões. Conhecer as capacidades da equipe é fundamental.

> Repensar o próprio valor dentro da empresa pode ser a melhor alternativa para um gerente em um momento de recessão. Retorno sobre investimento é essencial em tempos difíceis, além de garantir uma base para os períodos tranquilos.

Pense nisso...

Como você pode reformular o valor que agrega à sua equipe?

Como pode adquirir novas habilidades para aprimorar suas competências?

Que obstáculos atravancam seu próprio sucesso e o de sua equipe?

O que fará diferente para garantir que continue a agregar valor à equipe?

Valor = competência + adaptabilidade

20. Amigos, família, saúde

AS PRESSÕES SOBRE QUEM EXERCE um papel de liderança estão sempre presentes, mas líderes de sucesso encontram tempo para relaxar. Veja, a seguir, do que você não deve abrir mão:

Amigos. A amizade se baseia em dois conceitos complementares: afinidade e reciprocidade. Todos buscamos a troca em relacionamentos. No entanto, não devemos escolher nossos amigos pelo que possam nos oferecer em termos materiais, mas sim pelo que trazem para a relação: uma história, conversas sinceras e, acima de tudo, a compreensão de quem somos como pessoas. Oferecemos, então, o mesmo em troca.

Família. A família é definida como um grupo de pessoas que se mantém unido por ideais complementares de amor e responsabilidade. Assumir a responsabilidade pela família, em especial quando há crianças envolvidas, significa tomar decisões que irão beneficiar os outros antes de você mesmo. O conceito de sacrifício mantém as famílias unidas não só nas horas mais difíceis, como também durante os bons momentos.

Saúde. Quando falamos de saúde, é importante termos em mente três aspectos: o físico, o mental e o espiritual. Quanto ao físico, mantenha-se em forma por meio de exercícios e de uma dieta equilibrada. Tome remédios, se precisar. Sobre o mental, ele é fundamental para sua produtividade, e, por isso, você deve exercitar a mente, assumindo desafios e experimentando novidades. Já o espiritual é alcançado por meio da conexão com algo maior, independentemente de como você o defina.[10]

Amigos. Família. Saúde. Esses três fatores devem ser priorizados para que você mantenha sua liderança e sua vida sob uma perspectiva mais ampla.

Pense nisso...

O que você tem feito para garantir um relacionamento saudável com os amigos e a família?

Tente imaginar o que mais você poderia fazer com sua família para otimizar a convivência com ela.

Enumere duas ações praticadas frequentemente por você no intuito de manter contato com os amigos.

Liderança holística* = trabalho + outras pessoas + você

* Observação: a "liderança holística" é a que se concentra na inclusão, especialmente no que se refere a atender as necessidades das outras pessoas.

Autoavaliação

Reflita sobre as afirmações a seguir e indique seu grau de concordância em uma escala de 1 a 5, sendo 1 "discordo plenamente" e 5 "concordo plenamente".

_____ Expresso meu verdadeiro caráter por meio das minhas atitudes.
_____ É importante cultivar uma forte presença como líder.
_____ Restrinjo minhas atividades para poder me concentrar no que realmente importa.
_____ O aprimoramento pessoal começa com o autoconhecimento.
_____ Quando estou errado, admito meus erros e busco corrigi-los.
_____ Assumo a responsabilidade por minhas atitudes mesmo quando é difícil.
_____ É preciso ter humildade para conquistar a fidelidade das pessoas.
_____ Reconheço que preciso continuar a desenvolver minhas habilidades de liderança diariamente.
_____ Todos os dias, reservo um tempo para refletir sobre meu desempenho.
_____ Quando você escolhe liderar uma equipe, precisa aceitar as consequências do que acontecerá em seguida.
_____ PONTUAÇÃO TOTAL

50 Perfeito (e impossível).
49-30 Você ainda pode melhorar.
< 30 Dê crédito a si mesmo por ter sido honesto.

Conselhos práticos

O aprimoramento pessoal é uma questão de escolha. Os líderes tomam a decisão consciente de desenvolver suas capacidades. Domine esse processo.

- Busque fontes de inspiração, seja por meio de um livro ou de observação direta. Mantenha a mente aberta e saiba que os insights podem vir de qualquer parte.
- Reflita sobre como você colocará seus valores em prática para alcançar resultados positivos.
- Seja realista quanto às suas limitações. Em alguns casos, é possível buscar aprimoramento por meio de cursos e experiência. Em outros, é preciso entender quais atribuições elas afetam e procurar trabalhar com pessoas que as possuam.
- Assuma a responsabilidade por seus atos, mesmo quando cometer um erro.
- Deixe seu ego de lado e dê visibilidade às conquistas das outras pessoas.
- Escolha um colega que possa servir como conselheiro de confiança ou coach pessoal.
- Reserve um tempo para reflexão. Estabeleça horário e local fixos para avaliar regularmente a situação no trabalho.

COLEGAS

"Pregar é inútil se o que pregamos não corresponde às nossas atitudes."
– São Francisco de Assis

UM DOS ASPECTOS MAIS DESAFIADORES DA LIDERANÇA é lidar com os próprios colegas. Quando você está em uma posição superior, pode se valer disso para exercer autoridade. Porém, quando é desafiado a liderar colegas no mesmo nível hierárquico, é preciso confiar no poder de sua determinação, ou seja, naquilo que pretende alcançar. Uma vez que poucos líderes realizam algo sozinhos, é necessário reunir parceiros motivados, que acreditem na sua causa – e, mais importante, em você.

Para liderar os colegas de maneira eficaz, procure irradiar competência, credibilidade e confiança.

O que dizem as pesquisas...

Segundo um levantamento realizado em 2011 pela empresa de consultoria Hay Group, que entrevistou 4 milhões de profissionais em todo o mundo:

77% dizem:
"Meus colegas demonstram espírito de cooperação e trabalham em equipe."

54% dizem:
"Meu grupo de trabalho recebe muito apoio dos outros setores dos quais dependemos."

> Trabalhadores de todo o mundo acreditam que a cooperação entre colegas é muito importante. Pesquisas demonstram que os níveis dessa ajuda mútua variam. Portanto, ter um bom relacionamento com os colegas de trabalho é uma questão de investimento pessoal – de estender a mão para eles e encontrar maneiras de atuarem juntos em prol de objetivos em comum.

21. Ponha a integridade e a humildade acima do ego

MANTER SEU EGO SOB CONTROLE é um *exercício* de humildade. Veja três maneiras de praticá-lo:

Aceite elogios, mas não deixe que lhe subam à cabeça. Na Roma Antiga, era tradição receber comandantes militares vitoriosos com um desfile patrocinado pelo governo, no qual o comandante em questão passava em uma carruagem própria. Reza a lenda que um escravo ficava ao lado de cada um deles, segurando uma coroa de louros dourada sobre sua cabeça e sussurrando em seu ouvido: "Lembre-se de que você é um mortal." Se é verdade ou não, não deixa de ser um bom lembrete, para qualquer pessoa, de que o sucesso não vem de graça. Pelo contrário, você precisa continuar a conquistá-lo a cada dia.

Ouça seu melhor amigo. Amigos de verdade não têm medo de ser sinceros um com o outro. Líderes experientes precisam da amizade de um ou dois colegas próximos que, mais que qualquer outra pessoa, lhes dirão a verdade. Valorize esses amizades.

Reflita sobre suas falhas. Reserve um tempo para avaliar o que está fazendo. Uma análise sincera de seus erros, no que diz respeito a decisões, a comportamentos e à maneira como tratou seus colegas, é fundamental para um líder manter a cabeça no lugar. Deter-se por muito tempo nos pontos negativos não é bom, mas uma avaliação honesta deles pode ser muito útil.

O ego serve para reafirmar a capacidade de um líder de assumir o comando; mantê-lo sob controle demonstra sua aptidão para assumir as rédeas de si mesmo, o que é fundamental para o desenvolvimento de empresas fortes, capazes de alcançar resultados sustentáveis.

Pense nisso...

De que maneiras seu ego já afetou a visão que outras pessoas têm de você?

Descubra de que formas o ego já o ajudou a alcançar seus objetivos.

Reflita sobre como ele impossibilitou o que poderia ter sido um eficiente trabalho de equipe.

O que você pode fazer de diferente para garantir o equilíbrio entre seu ego e um bom trabalho de equipe?

Ego = ambição + humildade

22. Mostre aos colegas como pensar de forma crítica

A CAPACIDADE DE AVALIAR OPINIÕES É FUNDAMENTAL para uma gestão eficaz. Líderes podem ajudar os colegas a fazer isso com eficiência por meio de bons exemplos.

Analise a situação. Saber o que está ou não acontecendo é fundamental. Para os gestores competentes, essa preocupação é uma constante. Eles chegam a uma reunião, fazem algumas perguntas incisivas, solicitam dados e, então, pedem sugestões.

Discuta as alternativas. Debater ideias é sempre útil. Muitas vezes, projetos de sucesso de fato resultam de contribuições de terceiros, de modo que são o produto de uma síntese, não de uma só mente. Discutir opções leva tempo, mas é indispensável.

Reflita sobre o processo. A reflexão é a área do pensamento crítico mais subvalorizada. Ela não deve se limitar apenas aos resultados; muitas vezes, é interessante avaliar o processo em si.

Manter um diário ajuda a aprimorar seu pensamento crítico. O ato de escrever exige dois tipos de disciplina: organização e reflexão. Ao redigir, você põe os pensamentos em ordem e é forçado a analisar atitudes e suas consequências.

Ensinar colegas a pensar criticamente mantém a equipe concentrada em tudo o que é necessário para que o trabalho seja feito de forma correta.

Pense nisso...

De que maneiras você aplica sua habilidade de pensar criticamente?

Busque uma oportunidade de aplicar seu pensamento crítico a um projeto em equipe.

Como você pode organizar as próprias ideias para refletir sobre elas?

Você já questionou todas as suas suposições?

Pensamento de liderança = razão + situação

23. Use uma lista de verificação para liderar a equipe

ÀS VEZES, APESAR DAS MELHORES INTENÇÕES, não conseguimos fazer nosso trabalho. Geralmente, isso acontece porque ignoramos fatores simples.

Problemas surgem o tempo todo. Quando não paramos para refletir sobre que atitudes tomar, nossa tendência é complicar tudo. A disciplina de elaborar uma lista de verificação, ou checklist, irá ajudá-lo.

Dando um passo de cada vez e com determinação, você consegue obter melhores resultados.

Pense se é possível aperfeiçoar o processo acrescentando ou subtraindo etapas. Então, faça a si mesmo as seguintes perguntas:

Qual é o meu objetivo? Nunca perca de vista o resultado final. Quando trabalhamos em um projeto, é fácil perder o rumo ou, como se costuma dizer, "meter os pés pelas mãos". Mantenha seu objetivo em mente.

O que posso fazer para simplificar? Pense no que pode deixar de ser feito. Geralmente, é mais simples parar de fazer algo que acrescentar outro item à lista. Ao eliminar tarefas, você pode otimizar o trabalho. Mas, cuidado: não descarte itens sem justificativa. O benefício está em fazer o certo.

O que posso fazer para garantir resultados consistentes? Se você não vai repetir determinada tarefa, talvez não precise de uma lista. No entanto, é justamente para garantir a consistência que devemos adotar esse processo. Certificar-

-se de que todos na equipe estão cientes das próprias funções e estão devidamente treinados é fundamental.[1]

Bons líderes fazem o necessário para que um trabalho seja realizado da maneira certa, mesmo que seja apenas uma questão de seguir um simples conjunto de instruções.

24. Use uma lista de tarefas para gerenciar a equipe

LISTAS DE VERIFICAÇÃO SÃO IDEAIS para enumerar tarefas que se repetem, mas, quando as circunstâncias mudam, você precisa ser flexível.

Em vez de refazer a lista de verificação, ou checklist, você pode adotar uma lista de tarefas. A diferença entre as duas é a variabilidade.

A primeira não sofrerá mudanças de um procedimento para outro, ao contrário da segunda, que pode ser adaptada de acordo com as circunstâncias.

Elaborá-la associa processo e circunstância, permitindo, assim, mais clareza entre a gerência e os funcionários.

Como se baseiam no que deve ser feito de imediato, as listas de tarefas são:

Premeditadas – como se antecipar a condições variáveis?

Efetivas – o que fazer agora?

Mutáveis – como reagir quando as circunstâncias mudarem?

É sempre bom ter a lista por escrito, pois, assim, será mais fácil transmitir aos funcionários a clareza necessária. Reescreva-a quando a situação mudar e não deixe de redistribuí-la a todos. Essa ação garante não só transparência, mas alinhamento.

Usar uma lista de tarefas para gerenciar uma equipe pode parecer antiquado, mas, na verdade, é uma forma muito moderna de administração. Ela oferece atualizações em tempo real sobre qualquer mudança de circunstância, tanto ao gerente quanto aos funcionários.

Pense nisso...

Qual é a diferença entre a lista de verificação de um líder, que se concentra em uma visão global, e a de tarefas de um gerente, que se concentra em prioridades operacionais? Ambas são essenciais para haver eficácia administrativa.

Quais itens você pode acrescentar à sua lista de verificação para tornar sua liderança mais eficaz?

Quais itens pode acrescentar à lista de tarefas de modo a gerenciar sua equipe de forma mais adequada?

Reflita sobre as alternativas de "adição e subtração", ou seja, que tarefas você pode acrescentar ou eliminar para ajudar a equipe a se concentrar no prioritário.

Lista de verificação do líder = objetivo + prioridades + tarefas

25. Assuma as rédeas da situação

VOCÊ QUER FAZER DIFERENÇA NA EQUIPE?

Então, assuma as rédeas da situação. Se seu chefe não está lhe dando feedback, peça. Se os colegas o estão levando à loucura, converse com eles. Se está se sentindo sobrecarregado por excesso de trabalho, busque maneiras de reduzir suas atribuições. É responsabilidade sua fazer o trabalho pelo qual é pago. Então, mãos à obra.

Para ter mais controle sobre o que acontece a seu redor, olhe para si mesmo e veja se existe algo mais que possa fazer para ajudar a equipe a ser mais produtiva. Por exemplo, você passa mais tempo criticando que ajudando? Inventa desculpas antes de propor soluções?

Cabe a você começar a assumir, de fato, o controle da situação.

> Nada vai melhorar se você não tomar a decisão de agir.

26. Resolução de problemas: uma questão de prática

MOMENTOS DE CRISE SÃO UMA BOA OCASIÃO para praticar estratégias de resolução de problemas, porque, quando algo não vai bem, talvez esteja na hora de mudar os procedimentos. Identificar essas oportunidades e aproveitá-las é essencial por dois motivos: em primeiro lugar, se acontece algo de errado, os gestores são desafiados a fazer mais com menos; em segundo, eles podem, inclusive, ter mais tempo por conta da desaceleração da economia.

Para implementar o próprio estilo de solucionar problemas, considere as três perguntas a seguir:

O que de fato precisa ser resolvido? Geralmente, problemas são fáceis de detectar. Por exemplo, pode haver um produto que não funciona de acordo com as especificações ou um processo que não gera um resultado consistente. Para se obter um diagnóstico, é preciso disciplina para encontrar a origem. Uma falha em um produto pode ser causada por uma peça defeituosa; em um processo, determinado resultado pode ter sido fruto de uma medida mal executada. Você só saberá se investigar a fundo.

Qual a solução? Às vezes, como no caso de um *recall*, ela pode ser dispendiosa. Outras, uma simples reformulação do produto ou do processo em questão pode ser suficiente. Avaliar o que é preciso exige um olhar experiente e uma grande habilidade para diagnósticos, mas também sagacidade para compreender como alcançar a solução mais eficaz e aplicá-la com rapidez.

Quem é o mais indicado para solucionar o problema? Delegar a função à pessoa certa é fundamental. Nem todos possuem vocação para pensar em alternativas. Você precisa de alguém que não só goste de fazer perguntas, como, acima de tudo, tenha facilidade para analisar e implementar soluções. Essa pessoa também deve ser persistente, e estar disposta a não desistir até encontrar a saída.

> Sem uma rotina de resolução de problemas, as empresas estão fadadas a repetir os mesmos erros – e, o que é pior, deixam de tirar proveito das lições aprendidas com eles.

27. Não perca tempo

CERTO DIA, UM EXECUTIVO EXPERIENTE me deu um valioso conselho: transforme projetos "improdutivos" em "produtivos" para *você*. Em outras palavras, transforme positivamente o que antes era apenas oneroso.

Veja como:

Relacione suas tarefas. Realize um levantamento de atribuições para identificar como as pessoas estão, de fato, utilizando o tempo. Elas podem estar trabalhando arduamente, mas será que estão fazendo o que a equipe precisa? Quanto tempo estão gastando em cada processo – e quais são eles? Às vezes, ficamos tão ocupados com determinadas atividades que perdemos a noção do todo.

Minimize tudo que não agrega valor. Às vezes, criamos sistemas que se tornam tão complexos e exigem tanta energia que deixam de contribuir de alguma forma. Desafie seus funcionários a simplificarem as próprias tarefas. Três relatórios talvez possam se tornar um só. Outro passo simples é reduzir o número de e-mails que você envia copiando outras pessoas e que você recebe por estar copiado.

Avalie o progresso. Depois de ter feito o levantamento e minimizado os excessos, avalie o resultado. Tempo e recursos estão sendo economizados? Em caso positivo, isso está facilitando o trabalho dos funcionários? E, no fim das contas, eles estão contribuindo com a empresa? São perguntas difíceis que merecem respostas ponderadas. Esteja preparado para fazer ajustes.

Um trabalho que faz diferença
é aquele que as pessoas querem executar.

Pense nisso...

Como você pode mostrar que a situação e os problemas estão sob controle?

Que passos você pode dar para garantir que a equipe esteja concentrada no que importa, sem distrações? Como pode ajudá-la a se manter devidamente focada?

Que atitudes você deveria tomar para tornar o trabalho mais significativo para você e seus funcionários?

O que você pode fazer para eliminar tarefas improdutivas e ajudar a equipe a se concentrar no que precisa ser feito, ou seja, nas tarefas fundamentais para a conclusão bem-sucedida de determinado projeto?

Prioridades = objetivo + propósito + trabalho

28. Tenha em mente o cenário global

SE QUISER EXERCER IMPACTO, você precisa transformar suas ideias em iniciativas ou projetos, que devem conter três elementos antes de serem levados adiante:

Primeiro, a ideia deve complementar a orientação estratégica da empresa. Isto é, se você trabalha em uma empresa de engenharia, não proponha a compra de um restaurante ou a abertura de um spa.

Segundo, sua ideia deve conter um forte *case* de negócios. Sua ação deve agregar valor à empresa, isto é, gerar um ou mais dos seguintes resultados: incrementar o lucro, reduzir custos, aumentar a produtividade ou melhorar a satisfação do consumidor. Ter um *case* é imprescindível!

Terceiro, sua ideia deve ter o aval de seu chefe ou, pelo menos, de alguém que ocupe um cargo superior. A maioria dos chefes receberá suas iniciativas de braços abertos, desde que você os envolva no processo e, naturalmente, divida o crédito com eles. Além disso, se seu chefe já estiver envolvido, você pode tentar conseguir o apoio do alto escalão. Ou seja, não tente passar por cima dele, *alie-se* a ele.

Agir de forma estratégica mostrará que você não só é influente como dinâmico.

Pense nisso...

Como você pode atuar em benefício da equipe para ajudar a empresa a ter sucesso?

Quais ideias você gostaria de levar a seu chefe?

Como você as apresentará a ele?

$$\textbf{Sucesso} = \frac{\textbf{ideia + ação}}{\textbf{apoio do chefe}}$$

29. Líderes competentes fazem concessões

CEDER NÃO É PARA OS FRACOS; é preciso coragem, persistência e disposição para trabalhar junto de pessoas das quais você discorda.

Quando for buscar um meio-termo, faça isso genuinamente. Não deixe o calor do momento ou uma discórdia passageira ofuscar sua tentativa de sanar um conflito. É fácil enxergar apenas as divergências, mas se concentrar em potenciais pontos de concordância exige grande perspicácia. Assim que encontrar um desses pontos, considere-o o primeiro passo em direção a um melhor entendimento mútuo.

> Líderes competentes veem concessões como uma forma de construir equipes mais fortes.

30. Não diga "não é meu trabalho!"

UM EXECUTIVO JAMAIS DEVE DIZER ESSA FRASE.

Líderes fazem o que a empresa precisa. Portanto, mesmo quando consideram uma tarefa indigna de atenção – seja uma apresentação para a comunidade, uma visita a um cliente de menor importância ou sua participação em um treinamento para funcionários –, eles não a descartam. Caso contrário, decepcionarão a empresa.

A síndrome do "não é meu trabalho" é destrutiva para as organizações. O que você pode fazer para evitar que ela se instale e prejudique o moral da equipe?

Estabeleça expectativas claras. Mostre que, na sua empresa, espera-se que os funcionários não só façam o trabalho, como também estejam abertos a realizar tarefas que talvez não se enquadrem nas habituais atribuições do cargo, sobretudo em organizações de menor porte, nas quais os chefes exercem funções diferentes apenas para manter tudo nos trilhos.

Dê o bom exemplo. O líder deve ser sempre o primeiro a se oferecer para receber mais carga de trabalho quando necessário. Isso significa que o diretor executivo pode ter de fazer uma visita a um cliente problemático; o chefe do departamento de compras talvez precise negociar um contrato importante; ou um gerente de marketing tenha de cooperar com o setor de criação em uma nova campanha. Tarefas como essas não devem ser abraçadas visando minar a autoridade dos colegas, mas, sim, quando a empresa precisa que os melhores e mais brilhantes colaboradores assumam o comando.

Não faça vista grossa. Quando um executivo se recusar a fazer algo sob o pretexto de que "não é meu trabalho", o chefe dele deve deixar claro que não tolera esse tipo de comportamento. A empresa precisa de pessoas dispostas a serem flexíveis.[2]

"Não é meu trabalho" é uma desculpa esfarrapada. É o mesmo que dizer "sou bom demais para isso". Render-se a esse impulso é ser egoísta e mesquinho. A impressão que você transmite é a de que se sente superior aos colegas, o que não só é uma falha de liderança, como também demonstra falta de competência administrativa.

Pense nisso...

De que maneiras você pode dar o bom exemplo ao aceitar novos desafios e se manter aberto às sugestões dos colegas?

Pense em como você pode persuadir outros funcionários a fazer concessões demonstrando disposição para assumir mais responsabilidades em prol do bom andamento da equipe.

Tente se lembrar de uma ocasião em que membros da equipe não quiseram ceder. O que aconteceu e por quê? O que você poderia ter feito de forma diferente?

Como dar o bom exemplo para a equipe ao se responsabilizar por um desafio que ninguém mais quer assumir?

Compromisso = trabalho de equipe

31. Não fique na defensiva

QUANDO RECEBER CRÍTICAS, você precisa se defender sem ficar na defensiva.

Manter a compostura diante do ceticismo e até da hostilidade é um atributo fundamental para um líder de presença. É o tipo de imagem que você precisa transmitir se pretende conquistar a fidelidade da equipe. Quando suas ideias são atacadas, é fácil se deixar levar pelo calor do momento. O desafio é não fazer tempestade em copo d'água e separar personalidade de ideologia. Veja como:

Prepare-se. Sempre que propuser uma ideia, inevitavelmente haverá pessoas que não a entenderão, não a aceitarão ou simplesmente não gostarão de você. Prepare-se para enfrentar esse tipo de objeção. Tente prever quem irá discordar e por quê. Desenvolva contra-argumentos para defender seu ponto de vista.

Seja generoso. Agradeça aos colegas pelo feedback, mesmo se a crítica for mais destrutiva que construtiva; assim, você demonstrará que não é uma pessoa mesquinha. Outras talvez sejam, mas você está acima disso. Esse tipo de atitude revela força de caráter.

Desenvolva paciência. Poucos abraçarão sua ideia com tanto entusiasmo quanto você – talvez ninguém. Afinal, todos temos nossos próprios interesses. Seja realista, pois pode ser um longo processo. Saiba que será preciso dedicar tempo e energia para convencer os outros a adotarem sua sugestão. Você ouvirá o mesmo tipo de contra-argumento repetidas vezes, então conte com isso desde o começo.

Desenvolva suas ideias de modo que elas reflitam que você está levando as críticas em consideração.

Não se esqueça: para ter paciência, é preciso manter a tranquilidade.

32. Defenda-se da maneira certta

DEFENDER-SE SEM ADOTAR UMA POSTURA DEFENSIVA é uma questão de prática.

Você pode pedir a um colega de confiança que lhe faça perguntas sobre suas ideias, o que irá ajudá-lo a aprimorar seu discurso.

Faça exercícios de relaxamento dos músculos faciais. Pratique até seu sorriso – a ideia que você quer transmitir é a de que está no controle.

Concentre-se em sua respiração, inspire profundamente e expire devagar.

Aprenda a falar lentamente quando os interlocutores ficarem agitados. Pronuncie as palavras de forma comedida.

Transmita serenidade diante da irritação das outras pessoas.

> **Você não pode controlar a reação alheia, mas pode manter o domínio sobre si mesmo, essencial para demonstrar liderança quando confrontado com hostilidade.**

Pense nisso...

De que maneiras você pode defender seu ponto de vista sem perder a compostura?

Tente se lembrar de situações profissionais em que tenha perdido a calma. Qual foi a reação das pessoas? Como você se sentiu? O que poderia ter feito de forma diferente?

Qual será sua preparação para manter a tranquilidade e a compostura antes de participar de uma reunião em que possa haver desentendimentos?

Como você irá defender sua ideia no sentido de demonstrar que está no controle da situação?

Compostura = argumentos + serenidade

33. O copo está meio cheio

FAZER OS FUNCIONÁRIOS MANTEREM O OTIMISMO – ou seja, verem o copo meio cheio, em vez de meio vazio – é o trabalho do líder. Levá-los a se concentrarem no lado positivo é fundamental. Ter uma conduta positiva significa voltar-se para o que *pode* ser feito. Na liderança, isso é mais que uma atitude: é uma iniciativa.

Veja, a seguir, três maneiras de incutir o otimismo na equipe:

Nunca doure a pílula. Funcionários percebem quando algo não vai bem. Se você tentar sonegar informação, eles imaginarão o pior. Boatos se espalham bem rápido em qualquer empresa, sobretudo os ruins. Fale abertamente sobre os negócios e enfatize como cada funcionário contribui para a equipe. Uso o verbo "contribuir" deliberadamente onde trabalho. Mostre aos funcionários que eles não são apenas um custo para a empresa, mas que agregam valor a ela.

Proponha desafios à equipe. Repense o negócio. Incentive os funcionários a sugerirem ideias que possam aprimorar o trabalho. Permita que eles tenham o poder de transformar boas ideias em projetos.

Olhe para a frente. Momentos difíceis são a melhor ocasião para pensar sobre quem é capaz de liderar a empresa. Esse tipo de liderança não é exclusividade do alto escalão e recairá sobre quem demonstrar, por meio de sugestões e atitudes, que pode ajudar a empresa a sobreviver e até prosperar, *agora*.

Remoer os pontos negativos não leva a lugar algum. Incentivar os funcionários a se concentrarem nos pontos positivos é uma atitude de liderança e demonstra fé nas pessoas, assim como na própria empresa.

34. Como influenciar os colegas

O ASPECTO MAIS DIFÍCIL DA GESTÃO talvez seja convencer os colegas a concordarem com você, sobretudo quando você não tem autoridade nenhuma sobre eles.

Como líderes do mundo corporativo, é exatamente o que precisamos fazer. Digamos que você seja desafiado a implementar uma iniciativa que afetará várias funções na empresa. O que deve fazer?

1. **Faça uma investigação.** Descubra o que os colegas de diferentes cargos pensam sobre a iniciativa. Provavelmente, eles vão se posicionar contra ela por uma série de motivos : "não gostei da ideia", "não quero mudar", "não quero ter mais trabalho", entre outros "nãos".
2. **Elabore sua argumentação.** Demonstre como a iniciativa mudará a situação para melhor no longo prazo. Reconheça que o começo será difícil, mas que os benefícios ficarão nítidos com o tempo. Defenda sua proposta.
3. **Ouça, ouça e ouça.** Preste atenção no que os colegas falarem. Deixe-os digerirem a mudança, mas mantenha os ouvidos abertos para saber como você pode ajustar a iniciativa às necessidades específicas de cada um.
4. **Insista.** Se a iniciativa em questão é importante e se a alta gerência está contando com você para implementá-la, não se dê por vencido.
5. **Acompanhe o processo.** Essa etapa é essencial. Deixe bem claro que você estará disponível para ajudar na implementação da iniciativa. Você ou seus funcionários

ajudarão a equipe de projeto a colocar as novas diretrizes em prática.[3]

Convencer toda a empresa a implementar uma iniciativa nunca é fácil. No entanto, se você estiver disposto a ouvir, aprender e agir de acordo com as informações disponíveis, certamente chegará lá.

Pense nisso...

O que você pode fazer para incutir uma atmosfera positiva no trabalho? O otimismo depende de suas atitudes e de seus pontos de vista.

Quais atitudes específicas você pode tomar para deixar claro que está disposto a oferecer ajuda quando requisitado?

Como você pode modificar pensamentos e atitudes negativos em seu grupo?

Como você vai fazer para mostrar às pessoas que dá valor às contribuições delas?

Positividade = pessoas + possibilidades

35. Lidere os colegas da maneira certa

VOCÊ TEM O NECESSÁRIO para liderar os colegas?

Se quiser aprender a liderar com eficiência, observe o trabalho do receptor de um time de beisebol. Como qualquer fã do esporte poderá lhe dizer, os receptores desempenham um papel fundamental na equipe. Quando o time está em campo, eles assumem a função de líderes – não de gestores. A liderança que exercem é fruto de uma combinação de atitude e influência, exatamente o que você precisa dentro da empresa. Mas como eles conseguem?

Saiba quais são os pontos fortes dos colegas. Os receptores sabem que tipos de jogada os arremessadores fazem, então, como "gerentes", colocam esses jogadores em posições estratégicas. Para um líder, isso significa saber até onde vai a capacidade dos colegas. Líderes aproveitam os pontos fortes de cada membro do grupo em prol do sucesso da equipe.

Ofereça uma perspectiva mais ampla. Por conta da posição que ocupam, os receptores são os únicos jogadores da defesa que conseguem ver a partida do ponto de vista do rebatedor; portanto, percebem situações que os demais não enxergam. Se um líder de equipe quer dar conselhos, precisa olhar o entorno, isto é, ver o negócio sob a ótica da gerência, o que não significa que ela esteja sempre certa, mas que é mais ampla. Somente assim ele estará em posição de dar aos colegas sugestões alinhadas com a orientação estratégica da empresa.

Dissemine confiança. Faça os colegas se sentirem bem consigo mesmos, sobretudo se você liderar pessoas do mesmo nível hierárquico que o seu. Como parte do grupo, você consegue se colocar no lugar de um colega, pois, muitas vezes, sente o mesmo que ele. E é capaz de perceber quando alguém precisa de incentivo ou até de um puxão de orelha.

Tenha senso de humor. Nenhum outro receptor fez os colegas rirem tanto quanto Yogi Berra, que, ao longo da carreira, ganhou 10 títulos da World Series – a competição mais importante de beisebol nos Estados Unidos – com os New York Yankees. Yogi fez a melhor declaração sobre como liderar colegas na mesma posição que você: "Nunca me culpo quando não acerto a bola; culpo o bastão. Se eu continuar errando, troco-o. Afinal, se sei que a culpa não é minha, como posso ficar com raiva de mim?" Um líder que sabe rir de si mesmo dissipa as tensões, relaxa a equipe e possibilita que as pessoas levem apenas o trabalho a sério, não elas mesmas.[4]

> **Como líder de colegas na mesma posição, você conquistou o direito de se fazer ouvir, assim como o de agir em benefício da equipe.**

36. Ajude a equipe a evitar o esgotamento

O ESGOTAMENTO TEM CURA: em vez de focar em seu sucesso individual, concentre-se no da equipe. Siga estes conselhos:

Seja um líder, não um gestor. A gestão é o principal pilar de qualquer empresa de sucesso; não é possível obter resultados sem funcionários, recursos, cronogramas e orçamentos. Ao mesmo tempo, quem está no comando não deve estar envolvido em todos esses detalhes. Seu papel é liderar e, ao mesmo tempo, dar poder de gestão a outras pessoas.

Aprenda a delegar. Executivos de sucesso são bons no que fazem e, por isso, têm muita dificuldade em delegar tarefas. Aqueles mais adeptos da microgerência nunca dão trégua. Infelizmente, por isso mesmo acabam afastando bons funcionários – e são obrigados a acumular cada vez mais atribuições. Mas líderes inteligentes aprendem a romper esse círculo vicioso. Afaste-se e deixe outras pessoas se ocuparem não só dos detalhes como das decisões.

Fique feliz com o sucesso alheio. Alcançar qualquer sucesso pessoal é a essência da ambição. Mas, para um líder, ele só é possível se todos forem vencedores. Quando a equipe atingir um objetivo importante, comemore! Fique contente em ver que as pessoas que recrutou e treinou alcançaram êxito. Esse tipo de satisfação é importante não só para fazer a equipe se sentir valorizada, mas também para enriquecer sua própria vida.

Outra orientação para líderes que desejam aprender a delegar é: **pare de bancar o super-homem**. Esse passo talvez seja o mais difícil. Quando você é bom em diferentes tarefas, pode ser tentador se achar capaz de fazer *tudo* muito bem. Acredite, muitas pessoas de sucesso que conheço de fato pensam que são boas em tudo. Reconhecer limitações pode ser fácil para meros mortais, mas é difícil para executivos que construíram uma empresa ou chegaram ao topo de uma grande organização.[5]

> Em qualquer ocasião, aceitar suas limitações pode aliviar o estresse, ajudá-lo a evitar o esgotamento e até resultar em um melhor relacionamento com a família e os amigos.

Pense nisso...

De que maneiras você pode demonstrar que sabe trabalhar em equipe?

Em que aspectos você poderia melhorar? Por que é tão importante lidar com essa questão?

Pense em uma ocasião específica em que você tenha se disposto a ajudar a equipe a ser bem-sucedida.

De que formas você protege a si mesmo e a equipe do esgotamento? O que faz para atenuá-lo? Que medidas específicas tomaria caso não tivesse como evitá-lo?

Como um trabalho em equipe eficaz pode contribuir para uma percepção mais saudável do todo? O que você pode fazer para ajudar a equipe a ter uma visão adequada das oscilações de rendimento do trabalho?

Trabalho em equipe = objetivo + pessoas

37. Melhore o desempenho da equipe

UMA LIÇÃO QUE LÍDERES INTELIGENTES aprendem desde o início da carreira é que a liderança nada tem a ver com engrandecimento próprio; está mais relacionada com ajudar as pessoas ao redor e lhes atribuir funções nas quais possam ser bem-sucedidas.

Valorize seus funcionários. Deixe claro para eles quanto são importantes e necessários para o trabalho em questão. Isso pode parecer óbvio, mas perdi as contas de quantos funcionários já me disseram que não faziam ideia da opinião do chefe sobre seu desempenho porque o assunto nunca fora abordado. Gerentes assim trabalham de acordo com regras antiquadas, segundo as quais não há necessidade de dizer a um subordinado que ele está fazendo um bom trabalho. Na verdade, esse tipo de conduta motiva bons funcionários a deixar a empresa.

Incentive-os. Dê às pessoas a oportunidade de se destacarem. Fazer um trabalho é bem diferente de apresentar resultados acima da média. Ofereça a seus funcionários o apoio de que precisam para realizar suas atribuições e lhes dê autonomia. Note que escrevi *apoio*, e não *recursos*. Esses últimos podem estar indisponíveis no momento da execução, mas o primeiro nunca deve faltar. Mesmo quando o funcionário corre o risco de fracassar, o gerente precisa apoiá-lo.

Inspire-os. Bons gerentes orientam os funcionários; os melhores inspiram seus subordinados diretos. Como? Primeiro, estabelecem padrões de excelência. Estimulam a equipe a alcançar metas excepcionais. Em seguida, assumem a responsabilidade de se manter nesses padrões. Esse tipo de líder não se orgulha de conquistas individuais, mas do que a equipe alcança em conjunto.

Saiba quando assumir o papel de protagonista. Existem ocasiões, no entanto, em que os líderes precisam se colocar no centro das atenções. É esse tipo de decisão que determina os rumos de um empreendimento. Momentos como esse justificam o alto nível salarial de um líder.[6]

> Bons líderes contribuem para a evolução das pessoas ao redor.

38. Otimize os resultados da equipe

LÍDERES SÃO RESPONSÁVEIS pelo resultado de suas equipes. Veja algumas sugestões para melhorar o desempenho de seu grupo.

Valorize o passado. Reconheça as conquistas da equipe. Certifique-se de que seus membros saibam quanto você os respeita, tanto no âmbito pessoal quanto no profissional. Faça de tudo para que se sintam acolhidos. Elogie as conquistas deles para seus superiores. Em suma, faça a equipe se sentir especial. Oferecer compensações mostra quanto a empresa valoriza as contribuições da equipe.

Transmita bons valores. A união, ou seja, o trabalho em conjunto para o bem maior, é fundamental para o sucesso de uma equipe. Deixe bem claro que ninguém está acima da empresa. Ao mesmo tempo, respeite o fato de que, individualmente, seus funcionários irão demonstrar mais lealdade a membros da própria equipe que a de outras. Os gerentes podem encontrar maneiras de usar essa vantagem para melhorar o nível de desempenho.

Respeite as regras. Equipes eficientes gostam de trabalhar do próprio jeito, o que é um dos principais motivos de seu sucesso. Permita que a equipe, assim como permitiria a cada uma das pessoas, descubra soluções e coloque em prática suas ideias com autonomia. Deixe claro, no entanto, que é preciso respeitar prazo e orçamento. Acima de tudo, responsabilize a equipe tanto pelos bons resultados quanto pelos insatisfatórios.

Finalmente, **encontre o equilíbrio entre criatividade e disciplina.** Você precisa incentivar o grupo a pensar e agir de forma criativa, pois a capacidade de inovar contribui para o sucesso. Ao mesmo tempo, certifique-se de que essa criatividade servirá aos objetivos da empresa. As pessoas podem ter liberdade quanto aos métodos, mas não quanto aos objetivos. Os projetos assumidos devem corresponder à missão da empresa.

Líderes experientes sabem o que fazer para conduzir os funcionários a um caminho que estimula o orgulho de fazer parte de uma equipe e beneficia toda a empresa.

Pense nisso...

De que maneiras você demonstra que um desempenho melhor é um objetivo possível para a equipe?

O que mais você poderia fazer para ajudá-la?

O que você poderia deixar de fazer para ajudá-la?

Como você pode ensiná-la que espírito de colaboração é essencial para o sucesso do grupo? Que exemplos pode dar para que os funcionários absorvam esse conceito de forma mais rápida?

Desempenho = pessoas + colaboração

39. Convença os colegas: torne a questão pessoal

O SEGREDO PARA ALCANÇAR OBJETIVOS estratégicos a longo prazo é trazê-los para o presente. Como? Tornando a questão pessoal.

Apele para o lado racional. Bons argumentos começam com fatos concretos. Se você espera que as pessoas mudem de ideia – no fim das contas, é o que todas as questões importantes acarretam –, é melhor conhecer muito bem os fatos.

Apele para o bom senso. Argumente mostrando números concretos. Muitas vezes, líderes que não conseguem convencer os outros de seus pontos de vista cometem o erro de falar em termos impessoais (estatísticas), quando precisam relacionar suas ideias com os indivíduos (uma pessoa de cada vez).

Apele para os sentimentos. Fatos estabelecem as bases de um argumento racional, mas, se você quiser fazer as pessoas mudarem de ideia, será preciso se conectar com elas em um nível pessoal.

Apele para o melhor lado do ser humano. As pessoas gostam de fazer parte de algo maior que elas próprias, mesmo quando para tanto é necessária uma dose de sacrifício. Esse fato explica por que despendemos tempo e energia em atividades comunitárias.

Mudanças verdadeiras e duradouras exigem sacrifícios. Se você pretende pedir às pessoas que se sacrifiquem, precisa ter certeza de que o resultado final vale a pena.

40. Apoie os colegas de equipe da maneira certa

TODOS PRECISAM DE AJUDA, especialmente nossos colegas de equipe.

Reflita sobre as seguintes sugestões:

Ouça. Às vezes, tudo de que o colega precisa é desabafar. O simples fato de você ouvi-lo falar sobre um problema pode fazê-lo se sentir melhor.

Ofereça uma visão realista. Às vezes, quando as pessoas cometem um erro, podem ter a sensação de que o mundo vai acabar – ou, em vez disso, podem entrar em um estado de negação quanto ao impacto da falha. Você pode ajudar a contextualizar a questão, agindo como aquele amigo de confiança que diz: "Ei, acorde. Ok, você fez besteira. Conserte-a e siga em frente." Apenas tome cuidado para não ser afetado pela autopiedade nem incentivar um discurso de vítima. Concentre-se em melhorar a situação.

Aconselhe. Conselhos de um amigo podem ser extremamente motivadores, sobretudo se vierem do chefe. Muitas vezes, você conhece melhor as deficiências e os trunfos dos membros da equipe que o próprio gerente. Concentre-se no que pode fazer para ajudá-los a compreender os próprios pontos fortes, assim como os aspectos em que ainda podem melhorar.[7]

> **Aconselhar um amigo é sempre bom e, quando feito da maneira certa, é uma forma de liderança, pois ajuda a empresa a ser bem-sucedida.**

41. Faça a equipe trabalhar em parceria com inteligência

SERÁ POSSÍVEL TER MUITOS MEMBROS DE DESTAQUE em uma só equipe?

Fazer um grupo trabalhar em parceria pode ser uma arte. Mas, se você tiver muitos prodígios no mesmo time, precisará utilizar os talentos e as ambições deles em benefício de todos.

Estabeleça metas ambiciosas. Nada é mais motivador para pessoas talentosas do que metas ambiciosas. Esses indivíduos adoram enfrentar desafios. Quanto mais difícil for o obstáculo, maior será a determinação. Portanto, apresente a meta à equipe. Pergunte como resolver a questão – e, então, desafie-os a alcançar o resultado.

Estimule a competição entre os egos. Pessoas inteligentes querem estar rodeadas por outras tão brilhantes quanto elas, pois gostam especialmente de provar que são ainda mais geniais. Use os egos em benefício da equipe. A competição por recursos escassos, como os financeiros e a força de trabalho, intensifica as competências.

Dê prioridade às metas da equipe. Busque garantir que as rivalidades estejam relacionadas aos objetivos, e não a fatores pessoais. Egos feridos não são um problema; sentimentos feridos, sim. Certifique-se de que todos continuem se sentindo parte da equipe.

Às vezes, no entanto, é preciso **convidar um membro talentoso a se retirar**. Não por ele estar descontente ou causando problemas, mas porque precisa seguir em frente, tanto para o bem da empresa quanto para o seu próprio.

Bons administradores fazem todos trabalharem bem em parceria para alcançar as metas estabelecidas de comum acordo.

Pense nisso...

De que maneiras você demonstra que apoia os colegas de equipe individual e coletivamente?

Tente se lembrar de uma ocasião em que tenha ajudado um colega a solucionar um problema no trabalho. O que você fez? Qual foi a reação dele? O que você aprendeu?

Por que é tão importante que as pessoas se comprometam com as metas da equipe? Como você pode ajudá-las a compreender quanto contribuem com o grupo?

O que você pode fazer para garantir que o ego de cada membro da equipe tenha a oportunidade de aflorar pelo menos uma vez?

Pessoas + metas > problemas

42. Evite o mal da complacência

EXISTE UMA QUESTÃO QUE AFETA empresas e que muitas vezes passa despercebida, pois é encarada como algo benigno, quando, na verdade, não é.

Costumo chamá-la de "mal da complacência", que acomete as pessoas que procuram evitar conflitos a todo custo. Note que uso aqui o verbo "evitar", pois pode ser que eles existam.

Como saber se sua empresa se tornou vítima da síndrome do excesso de complacência? Veja a seguir algumas pistas:

As pessoas costumam dizer "ah, que maravilha!" com frequência. Todos gostamos de um bom tapinha nas costas em sinal de reconhecimento por uma tarefa bem-feita, mas, quando ele acontece sem motivo, você sabe que não passa de "conversa fiada". Perde totalmente o sentido!

Durante as reuniões, as pessoas dizem "hum". Significa que a outra pessoa não gostou muito do que você disse, mas tem medo de manifestar dúvidas ou discordâncias.

"Ah, está bem" é o feedback mais comum. Todos queremos ouvir que fizemos um bom trabalho. Mas, quando tudo o que recebemos de volta é um "ótimo, ótimo, ótimo", significa que ninguém está prestando muita atenção no que você tem a dizer.

Seus colegas vivem dizendo "sem problema!". Esse talvez seja o pior sintoma de todos: apatia. Quando os funcionários não se importam mais, a equipe está em maus lençóis. Significa que as pessoas estão desinteressadas e só ficarão ali até conseguir algo melhor.[8]

Gentileza e respeito são bem-vindos em qualquer ambiente de trabalho, mas não permita que esses fatores sirvam de desculpa para você não enfrentar problemas sérios.

43. Conflitos possuem um lado positivo

CONFLITOS DESEMPENHAM UM PAPEL POSITIVO em qualquer empresa. Muitas vezes, são chamados de "tensão criativa", ou seja, um embate por conta de questões vitais para o futuro da organização.

Certa vez, um executivo disse que, se você tem dois subordinados diretos que sempre concordam com suas opiniões, é porque não precisa dos dois. Embora não seja inteiramente verdadeira, essa máxima ressalta o fato de que os chefes podem estar mais bem servidos quando os subordinados sentem que há espaço para debates.

Evitar conflitos pode gerar uma cultura complacente de não enfrentamento. No mundo de hoje, agir com complacência é garantia de uma morte lenta. Empresas prosperam quando os funcionários acreditam que podem expressar suas ideias, mesmo quando elas forem de encontro ao que as outras pessoas pensam.[9]

> **Você não deve querer que os funcionários venham sempre com pedras nas mãos, mas é interessante que eles possam atirar uma ou outra pedrinha quando o status quo precisar ser alterado.**

Pense nisso...

Tente se lembrar de situações em que o conflito foi saudável e dos motivos pelos quais ele ajudou a equipe a alcançar seus objetivos.

Pense em uma ocasião em que você teria preferido receber um feedback sincero mas isso não aconteceu. Como ele o teria ajudado?

Reflita sobre o motivo de uma abordagem direta ser sempre melhor que fazer "rodeios".

O que acontece quando as pessoas têm medo de enfrentar problemas que podem prejudicar a eficiência da equipe? O que você pode fazer para garantir que isso não aconteça?

Solução = conflito + colaboração

44. Promova mudanças

UM DOS MOTIVOS PARA TEMERMOS MUDANÇAS é a sensação de falta de controle que elas provocam. Embora você não possa exercer domínio sobre o processo de mudança, é possível controlar como você e sua equipe reagem a ele.

Reafirme sua posição de comando, ou seja, concentre-se no que você pode controlar em vez de no que estão fazendo para você. As três perguntas a seguir o ajudarão a assumir o controle da situação. Reflita sobre elas:

O que fazer agora? Lembre-se de que você tem uma escolha: largar o emprego e não aceitar a mudança. É claro que, às vezes, por motivos financeiros, você pode achar que essa não é uma opção, mas entenda que, a menos que tenha sido forçado a fazer o contrário, você é livre para tomar essa decisão. Resolver ficar, por qualquer que seja o motivo, significa que você optou por isso. Da mesma forma, se resolver ir embora, também terá sido sua escolha.

O que fazer em seguida? Comunique sua opção aos colegas. Caso tenha decidido ficar, certifique-se de que seu chefe saiba que você ainda faz parte da equipe. Se estiver claramente decepcionado, como pode ser o caso se tiver perdido uma promoção, não finja o contrário, mas evite remoer pensamentos negativos. Garanta ao seu chefe que sua dedicação continua inabalada e que deseja ser visto como alguém que contribui para o grupo. Agir dessa forma mostrará que você tem grande autoestima e sabe lidar com decepções.

O que podemos extrair de bom da situação? Reflita sobre como você pode tirar proveito do ocorrido. Busque maneiras de reafirmar a ideia de que você é capaz. Seja proativo. Tente encontrar formas de fazer diferença positiva.

Dominar o processo de mudança e fazê-lo funcionar a seu favor é fundamental para demonstrar seu poder de resiliência, assim como sua capacidade de seguir em frente. Essa é, definitivamente, uma das características de um líder.

Pense nisso...

Tente se lembrar de ocasiões em que você tenha se sentido prejudicado por uma mudança por não ter conseguido prevê-la.

O que você aprendeu com essa experiência? O que poderia ter feito de forma diferente?

Você consegue encontrar maneiras de dominar o processo de mudança para que ele seja benéfico tanto para você quanto para a equipe? Por que isso é tão importante?

Você + controle ≥ mudança

45. Para resolver problemas é preciso fazer concessões

QUANDO ESTIVER DIANTE DE GRANDES PROBLEMAS, lembre-se das palavras de Henry Ford: "Não procure culpados, procure soluções; reclamar qualquer um pode."

Líderes podem se basear em três perguntas para solucionar problemas:

- Quais são os pontos causadores de conflito?
- Quais são as opiniões divergentes?
- O que cada um de nós pode fazer para encontrar soluções a fim de melhorar a vida das pessoas que lideramos?

Para alcançar um objetivo em comum, é preciso chegar a um consenso, o que é impossível se as pessoas não estiverem dispostas a ouvir sem preconceito o que os outros têm a dizer.

Quando indivíduos de opiniões divergentes se unem para resolver problemas, em vez de criar outros, eles demonstram valorizar o diálogo construtivo, em vez da intolerância. O melhor: revelam estar dispostos a deixar de lado as diferenças para encontrar soluções que beneficiem o grupo, talvez até mais que eles próprios.

Para alcançar objetivos em comum, é preciso agir em prol do coletivo, assim como garantir que todos trabalhem em parceria.

46. Como líderes competentes colocam a equipe em primeiro lugar

FAZER CONCESSÕES É FUNDAMENTAL para o processo de negociação. Veja a seguir algumas maneiras de implementá-las:

Pense no resultado. Quando duas partes entram em negociação, a intenção de cada uma é sempre garantir o melhor para si. Isso é natural, mas as necessidades da outra parte podem acabar negligenciadas. Quando se chega a um impasse, é aconselhável buscar pontos de vista alternativos. Uma boa maneira de lidar com isso é refletir sobre o que cada lado deseja.

Chegue a um meio-termo. Saber o resultado desejado oferece às duas partes um ponto de partida para alcançarem o que desejam. Daí em diante, começa o processo de negociação, geralmente em direção a um consenso, o que pode significar que ambos precisem ceder para receber algo em troca. Sacrifício mútuo é importante; deve haver certo grau de "sofrimento" para os dois lados, de modo que ambos tenham participação não só no resultado, como no processo.

Celebre a união. Muitas negociações acabam se tornando disputas do tipo "o vencedor leva tudo". O que pode até funcionar para transações simples, como comprar ou vender um carro, mas não para um comportamento sustentável dentro de uma empresa. Você deve permitir que o outro lado obtenha algo, nem que seja apenas a sensação de ser respeitado.

No fim, fazer concessões é positivo. Por mais que seja parte de um processo detalhado, é tido mais como arte que como ciência. Isso por conta da criatividade usada para se encontrarem maneiras de convencer a outra parte e da tentativa de interpretação das intenções dos adversários a fim de que sejam transformados em aliados.

Quando os riscos são altos e a situação é grave, ceder é um gesto nobre, que une as pessoas.

Pense nisso...

Tente se lembrar de situações em que você tenha tomado a iniciativa de ceder.

Que papel a atitude de fazer concessões desempenha em sua empresa no momento?

O que você já aprendeu ao tentar chegar a um meio-termo em uma negociação? E nas vezes em que isso não foi possível?

Em que situações ao longo de sua vida o fato de fazer concessões levou a resultados positivos?

O que você pode fazer para ensinar a outras pessoas o valor de ceder?

Fazer concessões = vitória + sacrifício

47. Mostre novos pontos de vista para os colegas

COMO UM LÍDER PODE ADOTAR um ponto de vista diferente? De que forma ele pode observar aspectos rotineiros – recursos, funcionários, estruturas e até obstáculos – com outros olhos? Deixe-me oferecer algumas sugestões.

Conheça suas limitações. Compreender que existem diferentes pontos de vista para uma mesma questão é o primeiro passo para perceber a necessidade de novas perspectivas. Já foi dito que o que tira o sono de líderes experientes não é o que eles sabem, mas sim o que não sabem. Conhecer os limites do próprio conhecimento é fundamental.

Visite os clientes. Passar tempo com clientes é uma maneira óbvia de ver o mundo com novos olhos; porém, muitas vezes, executivos em níveis hierárquicos mais elevados acham que esse procedimento não cabe a eles. Se quiser saber o que os clientes pensam sobre seu trabalho, pergunte. Para tanto, será preciso ter algumas conversas, assim como dedicar tempo a conhecê-los e descobrir quais são suas necessidades.

Convoque pessoas de fora da empresa. Para a próxima reunião de departamento, pense em como pode apresentar aos colegas ideias de pessoas de fora da empresa. Convidar especialistas para falarem sobre as tendências no seu ramo de trabalho é um bom primeiro passo. Mas pense de forma mais abrangente. Por exemplo, empresas do setor de saúde podem colaborar com hotéis e restaurantes no sentido de dar dicas sobre hospitalidade e preparo de alimentos, respectivamente.

Essas medidas podem ajudar líderes a adotar uma nova perspectiva, mas não anularão o fato de ele ser o responsável por iniciar a mudança. Um olhar externo tem seus méritos, mas agir como alguém de fora não.

> **Líderes assumem as rédeas dos problemas e fazem as mudanças necessárias.**

48. Transforme papos furados em conversas inteligentes

ALGO QUE VOCÊ PODE FAZER para atingir o sucesso pessoal e compartilhá-lo com a equipe é aprender a conversar com executivos seniores. Para isso, preparação é fundamental.

Faça o dever de casa. Descubra quais são as questões nas quais a alta gerência está concentrada. Em condições ideais, todos os funcionários deveriam saber quais são as prioridades estratégicas da empresa. Aprofunde-se nelas. Pense com antecedência no que vai dizer a um executivo do alto escalão quando o encontrar.

Prepare um discurso que sintetize seus projetos, sua carreira e você. É uma boa prática, mesmo que você não venha a encontrar um alto executivo. Se estiver prestes a participar de uma reunião mais informal, talvez seja interessante tentar descobrir quais são os interesses pessoais de seu chefe: os hobbies, de que esportes ele gosta e a que tipo de trabalho voluntário ele se dedica.

Seja você mesmo. Quando for apresentado a um líder do alto escalão, faça contato visual ao apertar a mão dele. Sorria e pareça relaxado. Sinta-se à vontade para fazer perguntas sobre assuntos da empresa. Se o momento for propício, fale sobre os projetos em que está trabalhando. É a chance que você terá de transmitir sua mensagem. Tente ser breve e ir direto ao ponto.

Avalie a situação. Continue falando apenas se o chefe se mostrar interessado; caso contrário, agradeça a ele pelo tempo despendido com você e encerre a conversa, mesmo que não tenha tido a oportunidade de dizer o que pretendia. De certa forma, sua dignidade é mais importante do que o que você tem a dizer. Tagarelar quando ninguém está interessado demonstra falta de bom senso; saber quando terminar um diálogo é um grande indicativo da capacidade de avaliar uma situação.

A boa notícia é que o que funciona para encontros planejados também serve para os imprevistos. Basta você supor que qualquer dia desses irá se deparar com um alto executivo e se preparar como se esse encontro estivesse realmente marcado. Isso também será útil em outros contextos, como durante reuniões de equipe ou conversas com clientes.

É por isso que você deve **sempre praticar o que tem de mais importante a dizer**, talvez quando estiver dirigindo para o trabalho, por exemplo. Outra maneira de treinar é gravando o seu discurso no celular, só para ouvir como as palavras soam. Esse exercício lhe dará a certeza de que está preparado para ter uma conversa clara e coerente com pessoas em posição de poder.[10]

> O sucesso depende daqueles que não só pensam de forma criativa, mas possuem a capacidade de colocar as ideias em prática.

Pense nisso...

Como você comunica aos colegas quanto eles são valiosos para você?

Dê um exemplo de uma ocasião em que você tenha sido capaz de apresentar um ponto de vista sobre determinado assunto em que os outros membros da equipe não tenham pensado antes. O que aconteceu? O que a experiência lhe ensinou?

Dê um exemplo de uma situação em que as conversas que travou com seus chefes o tenham ajudado a estabelecer um vínculo mais autêntico com eles.

Busque desenvolver alguns tópicos sobre o que você faz para a empresa que possam ser mencionados na próxima vez em que encontrar um alto executivo.

$$\textbf{Perspectiva} = \frac{\textbf{eu + você}}{\textbf{realidade}}$$

49. Lidere por intermédio de seu chefe

VOCÊ PODE LIDERAR sem ter o título de líder?

O desenvolvimento da liderança, desde o baixo escalão, é uma das maiores características da história militar. Batalhas foram ganhas porque soldados sob o comando de terceiros assumiram o comando. Podemos aprender muito com a história militar, mas transpor as lições para o ambiente de trabalho corporativo não é fácil.

No entanto, é algo que você pode fazer por intermédio de seu chefe. Mantenha-o a par do que está fazendo e por quê. Suas sugestões devem complementar a orientação estratégica da empresa, isto é, você deve promover iniciativas que ajudem clientes, funcionários e acionistas. Sua liderança é determinada, acima de tudo, por suas ideias, tendo por base sua iniciativa.[11]

> Liderar a partir de uma posição intermediária não é fácil, mas gerentes sagazes podem simplificar o processo ao incentivarem os subordinados a também assumir a liderança. Os funcionários, então, podem aceitar o desafio se e quando sentirem que devem agir para o bem da empresa.

50. Como vender uma ideia para seu chefe

ASSIM QUE TIVER ESTABELECIDO SUA CREDIBILIDADE como profissional, você pode tomar três atitudes para aumentar as chances de sua grande ideia ser bem-sucedida:

Esteja em sintonia com os objetivos da empresa. Seja qual for sua proposta, ela deve complementar a orientação estratégica da sua organização. Defenda sua ideia mostrando que ela, longe de confrontar, reforça as prioridades atuais da empresa ao conter em si planos para o futuro.

Não passe por cima do seu chefe. Quando sua proposta já estiver bem encaminhada, você estará pronto para tentar vendê-la ao restante da empresa. Mas não passe por cima do seu chefe – fale sempre com ele primeiro. Explique seu plano e obtenha feedback. Incorpore as ideias dele se forem viáveis. Certifique-se de que ele também receba algum crédito pela proposta. Assim, será mais fácil conquistar o apoio do seu superior.

Alie-se. As atividades são concluídas nas empresas porque as pessoas se unem para fazer o trabalho. O mesmo vale para novas iniciativas. Consiga o apoio dos colegas para concretizar suas ideias. Tire proveito dos clientes; são eles que se beneficiarão de sua sugestão. Adapte a proposta de modo a melhor servir aos interesses deles.

Gerentes e funcionários trabalham melhor quando os dois lados compreendem que boas ideias podem vir de qualquer parte. As empresas que buscam tirar proveito delas são as que alcançam o sucesso.

Pense nisso...

Quais atitudes você já tomou para demonstrar aos chefes que possui uma visão ampla?

Tente se lembrar de situações nas quais tenha visto alguém assumir a liderança mesmo que não tivesse o título de líder. Como as outras pessoas reagiram?

Dê um exemplo de uma ocasião em que tenha convencido seu chefe (ou o superior dele) a apoiar uma de suas ideias ou iniciativas.

Que projetos você tem em mente e que gostaria de levar a seu chefe? Como irá abordar o assunto com ele? Como tentará defender sua proposta?

Assumir a liderança = pensar como chefe

51. Como identificar sinais de arrogância

A CONFIANÇA É UM ATRIBUTO QUE QUALQUER LÍDER deve ter e promover nas pessoas ao redor. Mas cuidado: confiança em excesso pode se tornar arrogância.

Muitos líderes acabam assumindo um comportamento presunçoso sem perceber as desvantagens disso. Por melhores que sejam nossas intenções, todos temos deficiências. Sendo assim, como líderes podem saber quando a própria confiança está beirando a arrogância? Veja, a seguir, alguns sinais de alerta:

Você toma muitas decisões por conta própria. De fato, demonstrar ociosidade não é bom. Mas chefes que decidem tudo sozinhos certamente terão problemas. Com que frequência você pede a opinião de algum funcionário?

Você nem se lembra de qual foi a última vez em que conversou com um cliente. Não buscar saber o que as pessoas pensam do que você tem a oferecer não somente é arriscado, como também uma garantia de fracasso mais adiante. Se você acha que está "ocupado demais" para entrar em contato com os clientes, este é um sinal de alerta.

Você sempre almoça com as mesmas pessoas. Socializar-se apenas com um seleto grupo de colegas o afasta de pessoas que poderiam oferecer pontos de vista alternativos.

Sua equipe parece sempre concordar com você. Se faz tempo que ninguém o contradiz, talvez, sem querer, você tenha criado uma cultura do tipo "é proibido levar más notícias ao chefe". Cercar-se de pessoas que só sabem consentir é um convite para o desastre.

Quando algo sai errado, sua primeira pergunta é: "Quem foi o responsável?" Esse pode ser um sinal de que você está mais preocupado em buscar culpados do que em resolver problemas. A equipe pode vê-lo como um dedo-duro e achar que este comportamento é valorizado por você.[12]

> **Líderes devem acreditar em si mesmos, mas o excesso de confiança nas próprias habilidades pode ser prejudicial.**

52. Como se curar da arrogância

A PRESUNÇÃO É A MANEIRA MAIS RÁPIDA de desmotivar os colegas. O que você pode fazer para evitá-la?

Comece pedindo que as pessoas apresentem contra-argumentos. Funcionários devem poder dizer aos chefes o que pensam. Líderes que não deixam as pessoas à vontade para falar a verdade terão problemas e acabarão ocultando a realidade. Então, dê um passo além: insista na honestidade. A franqueza pode ser esclarecedora, no sentido de que dissipa a "cortina de fumaça" que as empresas tendem a criar à sua volta.

Reserve um tempo para andar pelos corredores da empresa, conversar com clientes e entrar em contato com fornecedores.

Busque relatos sinceros sobre o desempenho da empresa. Não acredite totalmente nos relatórios. Às vezes, eles são feitos para eximir os culpados das responsabilidades. Faça sua própria "ronda" para descobrir a verdade.

Por fim, não se esqueça de que é sua obrigação ouvir os funcionários quando eles começarem a falar mais abertamente. Essa postura demonstra não só seu interesse no que eles têm a dizer, mas sua confiança nas outras pessoas.[13]

> Excesso de confiança é como um bebida de má qualidade, do tipo que pode levar a uma ressaca muito longa chamada arrogância.

Pense nisso...

De que formas você pode evitar se levar muito a sério e por que isso é tão importante quando somos líderes?

Tente se lembrar de uma ocasião em que você tenha deixado seu ego impedi-lo de tomar a decisão certa. O que aconteceu? O que você faria de forma diferente agora?

O que você pode fazer para evitar parecer arrogante?

Que posturas pode assumir para demonstrar que é acessível e que está aberto a outros pontos de vista?

Arrogância = ego - humildade

53. Coaching entre colegas

COACHING ENTRE COLEGAS É UM PROCESSO por meio do qual um parceiro de trabalho orienta outro. Esse tipo de atividade requer confiança mútua, além de paciência e prática para gerar bons resultados.

O coaching entre colegas envolve três princípios fundamentais:

1. Os conselhos devem ser francos e diretos.
2. As orientações devem beneficiar a empresa, ou seja, se concentrar no bem coletivo, não no individual.
3. Ao aconselhar um colega, você deve ter em mente o melhor para ele. Portanto, os conselhos devem ser sinceros e construtivos.[14]

> O coaching entre colegas possibilita que ambas as partes descubram mais sobre os próprios pontos fortes e tenham oportunidades de aperfeiçoamento.

Pense nisso...

Como colocar o coaching entre colegas em prática:

- **Observe:** analise o que o colega está fazendo.
- **Dialogue:** converse sobre o que você vem observando.
- **Questione:** faça perguntas.
- **Sugira:** ofereça sugestões de aperfeiçoamento.
- **Proponha um desafio:** desafie o colega a desenvolver as próprias soluções e os próprios métodos.

Coaching = investimento nas outras pessoas

Autoavaliação

Reflita sobre as afirmações a seguir e indique seu grau de concordância em uma escala 1 a 5, sendo 1 "discordo plenamente" e 5 "concordo plenamente".

_____ Meus colegas querem trabalhar para mim.
_____ Meus colegas dizem que sei como colaborar com a equipe, mesmo quando isso significa abrir mão de minhas próprias ideias.
_____ Meus colegas esperam que eu lhes ofereça orientações claras.
_____ Meus colegas dizem que os ajudo a trabalhar melhor.
_____ Meus colegas dizem que sou um líder tanto para meu chefe quanto para eles.
_____ Meus colegas acreditam na minha capacidade e confiam em mim para corrigir problemas técnicos.
_____ Meus colegas me veem como alguém que sabe extrair o melhor das pessoas.
_____ Meus colegas recorrem a mim para garantir que tudo seja feito da maneira certa.
_____ Meus colegas dizem que coloco os interesses da equipe na frente dos meus.
_____ Meus colegas conhecem meu posicionamento diante de problemas e, embora nem sempre concordem comigo, respeitam meu ponto de vista.
_____ PONTUAÇÃO TOTAL

50 Perfeito (e impossível).
49-30 Você ainda pode melhorar.
< 30 Dê crédito a si mesmo por ter sido honesto.

Conselhos práticos

Às vezes, liderar colegas pode parecer uma tarefa impossível. Talvez não seja fácil, mas é necessário. Mãos à obra!

- Comunique suas intenções e reafirme-as com atitudes. Em outras palavras: não basta falar, é preciso agir.
- Ouça a verdadeira opinião dos outros; não pressuponha nada. Certifique-se de ouvir a história até o fim antes de chegar a conclusões.
- Faça perguntas para obter informações e criar linhas de investigação (deixe de bancar o advogado de acusação).
- Defenda seus pontos de vista, mas esteja disposto a agir em prol do bem maior. Fazer concessões é saudável para a equipe.
- Como líder, inclua os colegas no seu processo de decisão e nas suas atitudes.
- Seja a pessoa à qual a equipe recorre quando precisa.
- Busque oportunidades de fazer diferença positiva.
- Concentre-se em fazer com que o trabalho seja realizado, em vez de se preocupar com quem levará o crédito.
- Não fique buscando culpados para os problemas. Essa é a maneira mais garantida de fazer inimigos.
- Faça sua presença ser notada, ou seja: deixe claro para as pessoas que você está disponível para trabalhar no sentido de ajudar a equipe.

A EMPRESA

"Nenhuma instituição consegue sobreviver se seus administradores tiverem de ser gênios ou super-homens. Ela deve ser organizada de modo a prosperar sob a liderança de seres humanos comuns."

- Peter Drucker

O QUE É PRECISO PARA LIDERAR UMA EMPRESA? Compromisso em servir e, acima de tudo, disposição para colocar os interesses da organização em primeiro lugar a fim de que ela obtenha sucesso.

Em momentos de prosperidade, essa é uma proposta simples; é menos desafiador estar no comando quando tudo corre bem. Na verdade, nesses períodos, pode-se dizer que as empresas se conduzem sozinhas.

Mas, quando a situação muda e os problemas começam, é necessário um líder que possa oferecer a orientação de que os demais funcionários precisam, alguém determinado e perseverante, que saiba qual é sua missão e assuma a obrigação de cumpri-la.

Líderes como esses trabalham em parceria; não passam por cima dos colegas. São capazes de envolvê-los no processo e lhes oferecer os recursos necessários para obterem êxito. Dedicam tempo a aconselhar os funcionários diretamente, quando trabalham juntos, e indiretamente, quando criam condições para toda a empresa sair ganhando.

O que é preciso para ser um líder? Compromisso em fazer diferença positiva para si mesmo, para a equipe e para a empresa.

O que dizem as pesquisas...

Segundo um levantamento realizado em 2011 pela empresa de consultoria Hay Group, que entrevistou 4 milhões de profissionais em todo o mundo:

74% dizem:
"O comportamento do meu supervisor direto é condizente com os valores da empresa."

72% dizem:
"Confio e acredito em meu supervisor direto."

62% dizem:
"Confio e acredito no alto escalão administrativo da empresa."

60% dizem:
"Na empresa em que trabalho, as atitudes cotidianas da alta gerência são condizentes com o que é dito (isto é, os gerentes 'fazem o que falam')."

Trabalhadores de todo o mundo estabelecem elevados padrões para seus líderes. Conforme indica essa pesquisa, o comportamento de gestores do alto escalão é um pouco menos digno de elogios que o dos gerentes de equipe. É responsabilidade do líder oferecer o nível de liderança exigido pelos funcionários.

54. Como motivar os funcionários

A MOTIVAÇÃO É A BASE UTILIZADA PELOS LÍDERES para criar uma visão, executar a missão da empresa e cultivar valores que façam as pessoas se responsabilizarem por ela.

A motivação é o que molda a cultura de qualquer empresa – suas crenças e normas administrativas. Essa base é fundamental, pois abre as portas para que uma organização se concentre no necessário para obter sucesso.

Um líder motiva seus funcionários por meio do próprio comportamento. Quando eles veem seus chefes fazendo algo por outra pessoa – especialmente quando é uma tarefa árdua –, qualquer desculpa para não se dedicarem ao trabalho perde o sentido.

Empresas precisam de profissionais engajados, que se dediquem ao trabalho com a motivação gerada pela certeza de que o que fazem é importante para outras pessoas. Quando os funcionários se comprometem com o trabalho, sentem prazer no que fazem e se tornam mais produtivos.

> Não permita que a motivação seja apenas uma palavra no mural da empresa. Ela deve ser um catalisador para estimular a criatividade, o engajamento e a estratégia, de modo a gerar bons resultados.

55. Torne sua liderança relevante

RELEVÂNCIA E EMPATIA SÃO OS PILARES de uma liderança motivadora. Líderes devem levar em conta três fatores: contexto, circunstâncias e consequências.

Eles precisam ser flexíveis e implementar um estilo de liderança que se adapte à situação, conforme defendido pelo escritor e especialista em teoria administrativa Paul Hersey.[1] Veja as orientações a seguir:

O contexto determina o plano de ação. Executivos precisam saber o ponto em que tudo começou, ou seja, a história da empresa antes de eles terem ido trabalhar lá, o que às vezes exige investigação e inúmeras perguntas. Líderes experientes já conhecem o contexto como a palma da mão, pois vivem naquele ambiente todos os dias. Compreender a situação e o contexto prepara o terreno para o que o líder fará em seguida.

As circunstâncias – a situação atual – determinam seu grau de envolvimento. Momentos de crise pedem atitudes enérgicas. Por exemplo, se uma nova campanha de marketing não consegue gerar atenção o suficiente para um produto, o gerente da área deve se encarregar do problema. Se várias campanhas fracassam, o diretor executivo da empresa é que precisa encontrar uma solução o mais rápido possível. Ele deve entrar em ação e encontrar um novo gerente de marketing, se for o caso.

As consequências são o resultado da ação de um líder. Isaac Newton que me perdoe, mas nem toda ação de liderança gera uma reação oposta equivalente. Muitas vezes, a decisão de um diretor executivo tem o objetivo de mudar os rumos do negócio ou mantê-lo nos trilhos; as decisões de um gerente de linha de frente, por sua vez, seriam o equivalente aos ajustes das velas de uma embarcação. Um diretor executivo que toma muitas decisões não só gera excesso de atividades, como também enfraquece a autoridade de outros líderes sob seu comando.[2]

> Levar em conta o contexto, as circunstâncias e as consequências é uma boa maneira de um líder determinar seu grau de envolvimento e seu estilo de liderança.

Pense nisso...

De que maneira sua motivação oferece foco, orientação e metas específicas para funcionários e equipes?

Você já fez parte de uma equipe motivada? Qual foi a sensação? Essa experiência pode ser repetida? Como?

O que você mesmo pode fazer para motivar os funcionários?

Que tal aproveitar o próximo período longe da empresa para pensar sobre como empregar o poder da motivação e ajudar a companhia a se concentrar no cumprimento das metas pretendidas?

$$\textbf{Motivação} = \frac{\textbf{visão + missão}}{\textbf{valores}}$$

56. Estabeleça um vínculo autêntico

ESTABELECER VÍNCULOS PESSOAIS AUTÊNTICOS é fundamental para criar uma fidelidade genuína, e cabe a líderes de todos os níveis cultivá-los com um colega de cada vez.

Seja o primeiro a quebrar o gelo. Já cansei de ver diretores executivos passarem por uma fileira de baias ou ao longo de uma fábrica sem ao menos olhar para os lados; e se por acaso fazem contato visual com algum funcionário, devolvem o olhar sem nem mesmo esboçarem um sorriso. Essa postura transmite para o funcionário uma forte impressão de que ele é irrelevante. Em vez de agir assim, busque maneiras de puxar conversa. Prepare-se para interagir.

Mantenha a leveza. Você deve começar a conversa com um tom leve, fazendo algum comentário sobre o tempo ou sobre o trabalho de forma geral. Sorria ao falar. Depois que conseguir estabelecer um clima descontraído, você pode dar continuidade à conversa. É aí que líderes excepcionais se destacam: eles fazem o interlocutor se sentir a pessoa mais importante do mundo, o que fortalece a autoestima do funcionário e reafirma sua confiança no líder.

Faça a pergunta crucial: como posso ajudar você a fazer melhor o trabalho? Essa pergunta indica que o líder entende que o sucesso depende das contribuições individuais e coletivas. Seus funcionários talvez precisem ter mais acesso a recursos e enfrentar menos burocracias. Cabe ao líder prestar atenção nessas questões. Você não precisa, necessariamente, fazer tudo que um funcionário pedir, mas é sua obrigação ouvi-lo.

Ouça mais, fale menos. Depois de iniciada a conversa, é importante que o líder baixe a guarda. Ouça o que a pessoa tem a dizer. Muitos dizem que o maior medo de um CEO não é o que ele sabe, mas o que *não* sabe.

> **Conversar com funcionários da linha de frente é uma excelente maneira de descobrir o que os clientes estão dizendo, assim como verificar o desempenho dos produtos e a eficácia das diretrizes corporativas. Para tanto, é preciso saber se calar e ouvir.**

57. Como fazer boas perguntas

TODOS OS LÍDERES QUE CONHECI TÊM, pelo menos, uma coisa em comum: a necessidade de estabelecer vínculos sinceros.

Uma forma de cultivá-los é realizar boas perguntas. Líderes sabem fazer isso e dominam a habilidade de chegar ao cerne da questão de forma a desarmar o interlocutor, abrindo, assim, as portas para um diálogo honesto.

Seja curioso. Executivos que falam sem parar não ouvem as necessidades das outras pessoas. Infelizmente, alguns administradores acreditam que ter sempre a primeira e a última palavras é sinal de poder. Mas é justamente o contrário. Esse tipo de comportamento corta o acesso à informação pela raiz, calando as pessoas que mais têm a dizer – ou seja, funcionários, consumidores e fornecedores. Demonstrar curiosidade, por sua vez, as incentiva a falar. Mantenha a mente aberta. Líderes devem fazer perguntas que instiguem os funcionários a revelar não só o que aconteceu, mas o que estavam pensando durante o processo. Diálogos sem rodeios evitam julgamentos precipitados e podem gerar respostas honestas. Perguntar *o que*, *como* e *por que* prolonga a conversa.

Demonstre interesse. Quando fizer perguntas, mostre que está interessado. Deixe seu interesse claro com expressões faciais positivas e linguagem corporal expansiva. Isso incentiva o interlocutor a continuar falando e revelar informações que podem ser importantes.

Aprofunde-se. É muito comum executivos cometerem o erro de supor que, se não recebem más notícias, tudo está bem. Ledo engano. Pode ser que os funcionários tenham medo de lhe relatar qualquer situação que não seja positiva, mesmo que para isso eles precisem ocultar fatos. Então, quando alguma notícia surpreendente vier à tona durante um diálogo, procure extrair detalhes. Mas evite a discriminação – sua intenção é aprender, não acusar. Ouça a história até o fim.

Lembre-se: os problemas da equipe são, acima de tudo, seus.

Pense nisso...

De que maneiras você pode demonstrar autenticidade no local de trabalho?

Dê um exemplo de como sua autenticidade já o ajudou a se relacionar de forma mais eficiente com a equipe.

Que perguntas você pode fazer para que as pessoas se sintam seguras para falar sobre as próprias dificuldades no trabalho?

Pense em que tipo de comportamento você pode assumir para demonstrar que é o líder certo para a empresa.

Autenticidade = autoridade + acessibilidade

58. Seja um gerente acessível

LÍDERES EXPERIENTES APRENDEM A CRIAR uma política genuína de portas abertas.

Uma postura acessível demonstra três aspectos para os funcionários: primeiro, que você é um líder engajado; segundo, que é receptivo a novas ideias; e, terceiro, que os funcionários têm voz ativa.

Visite os funcionários na estação de trabalho. Nada demonstra mais a importância de um funcionário que ele ser visitado pelo chefe em sua mesa. Isso mostra que ele é importante para a empresa. Também ajuda a reforçar a parceria e contribui para diálogos mais abertos, uma vez que a interação se dá em um ambiente familiar para o empregado, não em um espaço claustrofóbico e formal, como a sala da diretoria.

Convide as pessoas à sua sala. Chamar um funcionário ao escritório da chefia dá a entender que você valoriza as contribuições alheias e, em especial, as da pessoa em questão. Essa atitude ajuda a aumentar a autoestima de qualquer colaborador.

Assuma o papel de anfitrião. Nunca me esquecerei de quando trabalhei com o diretor de uma unidade comercial responsável por uma receita de cerca de 2 bilhões de dólares. Ao me receber pela primeira vez em seu escritório, ele fez a seguinte pergunta: "Quer um café?" Então, ele, não o assistente administrativo, foi pessoalmente pegar um para si e para todos os participantes da reunião. Na mesma hora me senti parte da equipe.[3]

Líderes que desenvolvem o hábito de caminhar pelos corredores da empresa (no sentido literal e figurado) estão a par dos acontecimentos e, portanto, têm muito menos probabilidade de serem pegos de surpresa por um imprevisto.

59. Visite os funcionários em seus locais de trabalho

QUANDO UM ALTO EXECUTIVO VISITA UM SUBORDINADO em seu local de trabalho, ele transmite uma poderosa mensagem: o líder dá valor ao seu profissional como pessoa. Veja a seguir algumas sugestões que o ajudarão a decidir quando e por que visitar um funcionário.

Para aliviar as tensões. Quando as pessoas trabalham juntas, às vezes se desentendem. Embora em geral caiba aos funcionários tentar deixar o clima mais leve, quando um chefe dá o primeiro passo e vai até o subordinado com essa intenção ele transmite a sensação de que "estamos todos no mesmo barco".

Para garantir a transparência. Algumas questões exigem interação pessoal para você se certificar de que foram entendidas. A presença do chefe pode incentivar um bom diálogo que permita a ambas as partes fazer perguntas. Muitos líderes também buscam observar indícios não verbais, como expressões faciais e linguagem corporal, que indicam se o ouvinte está recebendo a informação de modo favorável ou não.

Para dar más notícias. Ninguém gosta de dar notícias ruins; então, quando um chefe faz questão de ir diretamente ao funcionário em seu próprio território para lhe comunicar algo desagradável, como o cancelamento de um projeto, um corte de orçamento ou uma redução de pessoal, ele transmite a ideia de que se importa com os membros da equipe.

Para comemorar. Se você é chefe, não precisa reservar as visitas apenas para as horas difíceis; bons momentos são motivo de comemoração. O fato de o chefe ir até a equipe para lhe dar os parabéns por um trabalho bem-feito é muito positivo. Seus funcionários não se esquecerão disso.

Visitar os funcionários durante o trabalho é um bom hábito que não só demonstra que você os respeita, como também dá ao líder a oportunidade de verificar de perto o andamento do serviço. Quando um líder distribui elogios, ou até conselhos, deixa claro que valoriza as pessoas. Esse toque pessoal é fundamental para gerar uma atmosfera de empatia e confiança.

Pense nisso...

Como você pode se relacionar de forma mais autêntica com seus funcionários no nível pessoal?

De que maneiras você pode fazer seus subordinados diretos se sentirem seguros para levar ao seu conhecimento problemas relacionados com o trabalho?

Como você pode arranjar tempo para visitar funcionários em seus locais de trabalho?

Como você pode arranjar tempo para convidá-los à sua sala?

$$\textbf{Empatia} = \frac{\textbf{você + funcionário}}{\textbf{local de trabalho}}$$

60. Mobilize os funcionários

O ENGAJAMENTO É FUNDAMENTAL para o sucesso da empresa. É responsabilidade do líder incentivá-lo.

Explique o cenário global. Líderes do alto escalão estão cientes do que acontece nas empresas e do impacto das ações delas na vida dos envolvidos – clientes, funcionários e acionistas. A maior parte dos demais colaboradores só tem acesso a esse tipo de informação se ler todos os comunicados internos. Mesmo assim, terá apenas uma vaga ideia. A gerência deve falar abertamente sobre as operações da empresa e sobre como elas afetam a vida das pessoas.

Comunique-se. Mantenha os funcionários a par do que está acontecendo. Reserve um tempo para debater o que funciona e o que precisa ser melhorado. Convide-os a colaborar com ideias para o aprimoramento do negócio. Procure constantemente passar feedbacks para que os colaboradores vejam como suas sugestões estão sendo implementadas. A gerência não tem obrigação de pôr em prática toda e qualquer contribuição de todo e qualquer funcionário, mas manter as pessoas informadas sobre o status de suas propostas é fundamental.

Comemore. Quando alcançar um objetivo, não deixe que isso passe em branco, sobretudo ao longo de projetos longos e difíceis, e quando envolverem novos produtos e serviços ou até reestruturações administrativas. Ao estabelecer metas e reconhecê-las, você propiciará às pessoas uma sensação de progresso.

Mobilizar a força de trabalho abre as portas para uma liderança mais eficiente.

61. Torne as reuniões externas mais atraentes

REUNIÕES FORA DO AMBIENTE DE TRABALHO são uma excelente maneira de promover engajamento entre os funcionários. Para que sejam bem-sucedidas, você deve levar em conta os seguintes aspectos:

Estabeleça uma pauta. Avalie a situação em que você e a empresa se encontram. Pense em quais questões gostaria de se concentrar durante o encontro. Da mesma forma que é importante refletir sobre o que se pretende alcançar, é fundamental analisar o futuro da companhia. A visão da empresa continua válida? A missão ainda é executável? Que oportunidades estão passando despercebidas?

Convoque altos executivos. O período de trabalho externo não precisa ser uma atividade individual; uma equipe unida pode tornar esse momento ainda mais produtivo.

Convide pessoas de fora. Às vezes, é uma boa ideia levar convidados para dar uma palestra. Pode ser um especialista em questões pertinentes para a empresa, como liderança ou estratégia, alguém do meio acadêmico ou do mundo do entretenimento. A expertise oferecida por alguém de fora é uma ótima colaboração e pode incentivar as pessoas a pensarem em algo além do problema em questão, de modo a obterem uma perspectiva mais ampla da situação atual.

Incentive um debate durante o período fora da empresa. Organize um fórum durante o qual as questões possam ser discutidas de forma aberta e sincera. Atribua um problema para cada executivo e os convide a trabalhar com um ou dois colegas no desenvolvimento de soluções específicas. Depois, apresente-as aos demais membros do grupo e peça feedback. Respeite os direitos tanto dos proponentes quanto dos que discordam das ideias deles.

Não pare por aí. Após o evento, coloque no papel o que você aprendeu. Peça a todos os participantes que façam o mesmo. Compartilhe suas reflexões. As ideias que irão surgir podem estabelecer as bases para novas formas de pensar, o que, por sua vez, pode influenciar a maneira como a empresa aborda os problemas.

> Reuniões externas podem ajudar funcionários a compreenderem o propósito da empresa e seu papel nele.

Pense nisso...

De que maneiras você pode aumentar o nível de engajamento dos funcionários?

Pense em quais atitudes específicas deveria tomar para aumentar o nível de engajamento da própria equipe.

Que passos você pode dar para garantir que a próxima reunião externa seja ainda mais proveitosa para os participantes? Desenvolva atividades que unam as pessoas com o objetivo de solucionar problemas em comum.

Identifique quais líderes do alto escalão você poderia convidar para o próximo encontro. Você gostaria que eles falassem sobre o quê? Como irá garantir que eles terão tempo para ouvir o que a equipe tem a dizer?

Mobilização = determinação + compromisso

62. Evite o microgerenciamento

VOCÊ É ADEPTO DO MICROGERENCIAMENTO ou apenas fica atento aos detalhes? Como pode participar de forma ativa sem ser visto como microgerente?

Determinar o grau de envolvimento nos detalhes do dia a dia sem minar a autoridade dos subordinados diretos pode ser algo delicado. Tenha em mente as seguintes orientações:

Concentre-se na sua especialidade. Saber até onde vão seus conhecimentos significa, em parte, ter consciência de suas limitações. Às vezes, é melhor ouvir os especialistas na área, ou seja, as pessoas responsáveis por realizarem o trabalho – designers, engenheiros, analistas financeiros e assim por diante.

Contribua de alguma forma. Um líder com quem trabalhei teve dificuldade, durante um tempo, de abrir mão de seus projetos preferidos. Ele é um talentoso administrador e não tinha problemas em delegar, exceto na hora das negociações, já que tinha construído uma excelente reputação nessa área. Enfim conseguiu ceder e delegar a maioria das negociações – menos as mais importantes – encarregando-se ainda de alguns detalhes quando sua intervenção se fazia necessária.

Busque sua fonte de energia dentro de si. Para um líder, sentir-se realizado é uma questão de mobilizar a equipe e alcançar os resultados pretendidos, o que pode ser árduo, especialmente quando os projetos encontram obstáculos ou os recursos se tornam escassos. Além disso, problemas de relacionamentos podem prejudicar a produtividade. É nesses momentos que um líder deve se impor.

Ao fazer a equipe e sua gestão se concentrarem em resultados, o líder direciona sua atenção de forma adequada.

Pense nisso...

De que maneiras você pode conferir autoridade e responsabilidade a outros membros da equipe?

Descubra que atitudes específicas você pode tomar para conceder autonomia de forma mais eficiente. Que responsabilidades irá delegar e como?

Quais tarefas você pode ajudar a equipe a realizar com mais eficiência? Quanto tempo deveria dedicar a elas?

Como se manter motivado de modo que a equipe continue concentrada nas questões certas na hora certa?

Delegação = autoridade + responsabilidade

63. Não permita que conflitos destruam a equipe

ATÉ CERTO PONTO, DESAVENÇAS SÃO POSITIVAS, sinal de uma relação saudável em que o chefe está aberto a pontos de vista alternativos e os funcionários podem apresentá-los sem medo de represálias.

Mas quando a situação deteriora a ponto de chefe e funcionário não dialogarem mais ou de o atrito entre os dois ameaçar a harmonia no ambiente de trabalho, é hora de agir.

O primeiro passo é diagnosticar a situação. Conflitos sobre questões relacionadas com a empresa podem ser saudáveis, mas aqueles sobre personalidade e estilos de trabalho são nocivos. Esses últimos exigem a intervenção da pessoa certa. O supervisor do chefe deve entrar em ação para descobrir as razões desse desacordo.

O segundo passo é utilizar um modelo de resolução de conflitos que funcione. O que descrevo a seguir me foi recomendado por Val Markos, especialista em coaching executivo que tem seu escritório em Atlanta. Se as duas partes estiverem dispostas a trabalhar para encontrar uma solução, faça a si mesmo as três perguntas a seguir:

- *Que comportamento seu está deteriorando a relação entre vocês?*
- *Que comportamento da outra pessoa está causando esses atritos?*
- *Você estaria disposto a corrigir um comportamento nocivo se a outra parte se mostrasse disposta a fazer o mesmo?*

Para que esse tipo de intervenção dê certo, é preciso ir além das palavras. As duas partes devem se comprometer com a resolução por meio de atitudes. Os resultados podem demorar a surgir, mas pequenos passos em direção ao entendimento podem fazer uma diferença positiva.

Se isso não resolver o conflito, caberá ao supervisor do chefe agir de imediato. Se o chefe não estiver fazendo sua parte, o supervisor deverá afastá-lo da posição de autoridade. Se o problema for com o funcionário, o supervisor poderá permitir que o chefe o retire da equipe.[4]

Conflitos entre funcionários não são fáceis de serem sanados, mas é o que deve ser feito. O bem comum não deve ser prejudicado por conta de desavenças entre os membros de uma equipe.

64. Perguntas para líderes às voltas com condições adversas

A LIDERANÇA NÃO É UM CONCURSO DE POPULARIDADE. O que define um bom líder é a maneira como ele atua em condições adversas ou até mesmo contra todas as convenções.

Por mais que admiremos gestores que saibam exercer o comando em qualquer situação, às vezes um líder que contraria as expectativas pode acabar fracassando. Para evitar isso, faça a si mesmo três perguntas-chave que reafirmarão seu direto de liderar:

O que estou fazendo? Um líder precisa contribuir, por meio de sua orientação estratégica, para que a missão da empresa seja alcançada. Se não for o caso, uma alternativa é alterar a missão. Foi o que Lou Gerstner fez quando ocupou o cargo de CEO da IBM: modificou o foco da companhia, que deixou de se concentrar na venda de hardware e software e passou a oferecer soluções e serviços integrados de TI.

Por que estou fazendo isso? Sim, coloque a empresa em primeiro lugar! Líderes têm pautas pessoais, mas que devem favorecer as metas da empresa. Se não for o caso, eles podem estar se distanciando demais do resto do grupo e correndo o risco de serem vistos como um lobo solitário. Mais especificamente, as pessoas não se mostrarão dispostas a ajudá-lo se tiverem a impressão de que você só trabalha em benefício próprio.

Vale a pena? Essa pergunta pode ser difícil de responder. Às vezes, a escolha mais inteligente é manter o status quo.

Em outros casos, a empresa precisa ser arrastada (mesmo que aos gritos e pontapés) em direção a uma nova era. Quando Alan Mulally assumiu o cargo de diretor executivo da Ford, ele e sua equipe desenvolveram uma estratégia global revolucionária chamada One Ford, que otimizava recursos de modo a aprimorar os veículos e garantir melhor rendimento.[5]

Não existem respostas fáceis para essas perguntas; elas desafiam o líder a examinar as necessidades da empresa e os motivos pelos quais insistir em uma mudança.

Pense nisso...

O que é preciso para eliminar conflitos na equipe, de modo que os funcionários possam se concentrar nos problemas, e não na personalidade dos colegas?

Tente imaginar de que maneira você pode incentivar os funcionários a colaborarem de forma mais eficiente.

Quais perguntas você irá se fazer quando estiver às voltas com adversidades? O que as respostas lhe dirão a respeito de si mesmo e dos membros da equipe?

Como irá manter a equipe motivada durante projetos desafiadores?

Perseverança = verdade + determinação

65. Justifique a urgência

AO ADMINISTRAR UMA EQUIPE, LÍDERES PRECISAM oferecer uma justificativa plausível e racional para o que estão pedindo e deixar clara a urgência da solicitação.

Veja, a seguir, uma análise detalhada da racionalidade e da urgência.

> **A racionalidade se baseia na lógica, um fluxo dedutivo de A a B e assim por diante.** É preciso iniciar o encadeamento de ideias com fatos sólidos. Fale em termos de consequência, ou seja, o que acontecerá em seguida e por quê. Por exemplo, é necessário um engenheiro em nossa equipe porque precisamos de alguém que goste de resolver problemas. Com ele, poderemos fazer nossos próprios diagnósticos, o que nos possibilitará melhorar os prazos de execução, assim como a qualidade do que fizermos.
>
> **A urgência se baseia no impulso de agir, na necessidade de que algo seja feito agora.** Você precisa enfatizar a necessidade de agir depressa e a importância de não deixar nada para depois. Um bom exemplo seria uma campanha de marketing para um novo produto. Seu argumento pode se basear no fato de que seus concorrentes já estão trabalhando em algo parecido e que você deseja ter a vantagem de ser o primeiro a apresentá-lo ao mercado.

A racionalidade pode incentivar a urgência, que, por sua vez, possui consequências racionalmente previsíveis. Ou seja, uma e outra não são excludentes entre si. Porém, se você se afastar um pouco e pensar sobre cada uma separadamente, perceberá que talvez seja mais fácil estruturar um argumento com base em fatos que ofereçam um sólido suporte para a ação.

> A capacidade de persuadir é um requisito básico de qualquer liderança eficiente. O gerente que aprende a acrescentar às suas interações a medida certa de racionalidade (fatos) e urgência (agora) consegue mobilizar os funcionários para partilharem seu ponto de vista.

Necessidade + racionalidade + ação = urgência

66. Ao tomar decisões, exerça seu poder com elegância

SE VOCÊ PRETENDE LIDERAR, precisa se acostumar com a ideia de usar seu poder.

Líderes em ascensão às vezes encontram dificuldade para exercê-lo por um destes dois motivos: o poder lhes parece tão natural que eles o exercem de forma implacável ou eles se sentem de tal forma amedrontados por essa condição que o evitam por completo.

Saiba quando abrir mão do poder. É verdade que, às vezes, você pode ser mais eficaz se não exercer sua autoridade. Jeff Immelt, diretor executivo da GE, certa vez confessou ao jornal *The New York Times* que precisava dizer às pessoas "faça do meu jeito" entre 7 e 12 vezes por ano.[6] Se o fizesse com menos frequência, a empresa não teria disciplina suficiente; com mais, os bons executivos pediriam demissão.

Saiba quando exercer poder. Por mais que você queira transferir o processo de tomada de decisão para a linha de frente, às vezes será preciso fazer a escolha final. Para tanto, você deverá exercer seu poder. Quando for o caso, tome a decisão e comunique-a aos funcionários, de modo que todos entendam suas implicações e o que precisam fazer para darem o suporte necessário.

Use seu poder para ir até o fim. Decidir é o primeiro passo. Cabe ao líder unir os funcionários para implementar o plano. Às vezes o fracasso é resultado do fato de as pessoas acabarem fazendo o certo apenas para elas, não para a empresa. Elas se distraem por conta de prioridades conflitantes e, consequentemente, deixam de arcar com seus compromissos.

> Líderes que usam seu poder para se certificarem de que as decisões são executadas dentro do prazo garantem que a iniciativa não perderá o foco ou o impulso inicial.

Pense nisso...

Como líderes devem exercer seu poder para alcançar resultados positivos?

Qual é a relação entre urgência e poder? Em outras palavras, líderes às vezes exageram na urgência só porque têm poder? Como você pode evitar que isso aconteça?

Reflita sobre maneiras de eliminar tarefas a fim de dar às pessoas mais tempo para se concentrarem no que realmente importa.

Tente se lembrar de uma ocasião em que tenha exercido sua autoridade e o resultado não tenha sido positivo. O que houve de errado e o que você aprendeu com a experiência?

Poder = autoridade com propósito

67. Evite o lugar-comum

VALORIZE OS FUNCIONÁRIOS com atitudes, não com palavras.

Pare de fingir. Seja direto com as pessoas; procure lhes dar a explicação mais abrangente possível do que está acontecendo. Por exemplo, fale sobre as oportunidades e os desafios que a empresa tem pela frente e qual será o impacto para cada funcionário. Se desconhecer alguma informação, admita, mas tente descobri-la quanto antes, para poder repassá-la aos subordinados.

Incentive os funcionários a tomarem decisões. Gerentes determinam "o que fazer", mas, quando as pessoas podem escolher "como fazer", elas se sentem mais motivadas e com mais autonomia. Permita que seus funcionários executem as tarefas de forma mais independente, pois não ter controle sobre o próprio destino pode ser frustrante em um momento de crise.

Invista na sua equipe. Quando a economia está em crise, programas de treinamento e desenvolvimento geralmente são os primeiros a serem cortados; uma pena, pois, muitas vezes, a aquisição de novas habilidades e o aprimoramento de talentos inexplorados são fatores que ajudarão a empresa a sobreviver à própria conjuntura desfavorável. Esses momentos difíceis podem desacelerar o ritmo de trabalho. Use esse tempo com sabedoria e aumente os talentos à sua disposição.

Líderes que valorizam funcionários demonstram seu compromisso por meio de atitudes.

68. Confie na sua intuição ao contratar funcionários

PENSAR EM UM CANDIDATO A UMA VAGA na sua empresa em termos de como ele pode se encaixar na equipe é a melhor maneira de avaliar um novo funcionário em potencial.

Leve em consideração a "abordagem sensorial" que Rich Cho – ex-gerente-geral do Charlotte Bobcats e do Portland Trail Blazers, dois times de basquete da NBA – utiliza ao avaliar talentos para seus times.

Observe. Analise o comportamento do candidato ao emprego. Observe como ele trata os demais entrevistadores, assim como a equipe administrativa. Um candidato que bajula um alto executivo mas ignora uma secretária demonstra falta de gentileza. Quando for avaliar candidatos internos, veja como ele é tratado pelos demais funcionários. Eles o veem como colega ou como obstáculo?

Ouça. Ouvir histórias sobre um candidato em potencial não é o mesmo que ir atrás de fofocas. Você busca insights sobre a ética de trabalho dele, assim como sobre sua habilidade de interagir com os colegas. Peça ao candidato que fale sobre suas conquistas. Se a expressão *eu fiz* for mais comum que *nós fizemos*, talvez seja um sinal de que ele gosta de trabalhar sozinho e acredita merecer mais consideração que os outros. Pergunte aos demais funcionários como é a convivência deles com o candidato.

Faça as contas. É perfeitamente aceitável julgar um funcionário ou gerente em potencial com base em suas conquistas. É exatamente assim que gerentes são avaliados; portanto, é interessante quantificar os resultados apresentados, o que pode ser fácil quando você está avaliando executivos do setor de vendas ou até gerentes de linha, mas não tanto quando pretende contratar alguém para os setores de design ou recursos humanos. Você precisa desenvolver um método de avaliação adequado, que faça sentido para a função. Procure descobrir o que o candidato em questão alcançou em termos de contribuições bem-sucedidas.

A beleza desse método de avaliação de talentos é o fato de buscar contextualizar o candidato, ou seja, descobrir qual foi seu desempenho em situações atuais e passadas. Ele não é, de forma alguma, perfeito. Contratar alguém de fora da empresa pode ser mais arriscado que promover um colaborador interno, mas os dois casos apresentam desvantagens. O primeiro precisa se adaptar à cultura da empresa e pode bater de frente com outros funcionários; gerentes "da casa" podem se ver presos à cultura que já conhecem e ter medo de inovar.[7]

Pensar em um candidato como uma pessoa completa é uma boa maneira de integrá-lo a uma nova empresa ou função.

69. Baseie as contratações no caráter e na integridade

JULGAR O CARÁTER ALHEIO NÃO É NENHUM MISTÉRIO. Basta observar como a pessoa interage com o próximo e qual o efeito que ela surte naqueles ao seu redor. Uma das verdades incontestáveis das artes cênicas é que caráter é atitude. O mesmo vale para a liderança. As atitudes de um indivíduo definem quem ele é.

Conquistas merecem atenção, mas é sempre bom investigar os bastidores para saber como o sucesso foi alcançado. Para tanto, reflita sobre as três perguntas a seguir:

O indivíduo em questão sabe trabalhar em equipe? Equipes precisam de líderes dispostos a trabalhar em parceria. Saber cooperar é fundamental para isso. Somente assim pode haver a colaboração necessária para o sucesso de um grupo.

Como ele lida com as adversidades? Contratempos são inevitáveis. Um líder precisa ser capaz de enfrentar um obstáculo com clareza de pensamento. Saber lidar com adversidades é um indicativo da capacidade de alcançar o sucesso.

Como as demais pessoas o veem? Todos querem ser estimados, mas a afinidade é consequência do respeito, que, por sua vez, tem suas raízes na integridade daquele que é respeitado e é reforçado por sua competência e credibilidade.

Sim, essas são perguntas simples, mas as respostas lhe darão uma visão clara do caráter da pessoa em questão. O caráter é reflexo da integridade, é o que define o comportamento de alguém.

Portanto, pode ser positivo para os gerentes tolerar uma pessoa que demonstre ter hábitos excêntricos, desde que não prejudiquem os demais funcionários ou a equipe. Um colaborador (ou gerente) jamais deve ter liberdade para ignorar limites éticos, tanto em relações profissionais quanto pessoais. Caráter é fundamental.[8]

> Gerentes que contratam pessoas sem integridade colocam em risco não só as equipes, como também o caráter da empresa.

Pense nisso...

De que formas você pode deixar claro que ações falam mais alto que palavras no que diz respeito à preocupação com funcionários e acionistas?

Reflita sobre como você avalia os candidatos a uma vaga na sua empresa. Quais são os três aspectos mais importantes que você busca em uma nova contratação?

Por que esses aspectos são importantes para você e para a empresa?

O que você faz para garantir que eles sejam levados em conta?

Caráter = integridade + atitude

70. O que você deve saber sobre sua empresa

LÍDERES REVELAM SEUS VALORES DIARIAMENTE. Os melhores se esforçam ao máximo para garantir que todos na empresa percebam quais são eles. Comece fazendo as três perguntas a seguir:

Os funcionários sabem quais são os ideais da companhia? Tome como exemplo a visão e a missão que regem a empresa. São palavras que descrevem realmente o que a organização faz ou que ficam bem em cartazes mas não se aplicam à vida real? Se a visão e os valores estiverem fora de sintonia, as pessoas terão dificuldade de acreditar inclusive que a companhia os possui. Quando isso acontece, os funcionários ligam o piloto automático no que se refere ao comportamento; pode até ser que não trapaceiem e mintam deliberadamente, mas também não fazem qualquer esforço a mais para servir o cliente ou até os colegas.

Os funcionários acreditam que a ética é importante na empresa? As pessoas sabem que infringir a lei lhes causará problemas. Mas e quanto ao sujeito que passa por cima dos colegas para conseguir aquela cobiçada promoção? Chefes que humilham seus funcionários e puxam o tapete deles são recompensados? Quando essas situações acontecem, as pessoas logo se dão conta de que um comportamento ético não é valorizado.

O que estou fazendo para dar um bom exemplo? Isso também significa defender a equipe, concentrar-se nos problemas da empresa e fazer o que é preciso, além de incluir a parte da gestão relacionada com o desenvolvimento humano, como coaching, aconselhamento e busca de oportunidades de carreira para seus funcionários. Gerentes respeitados são reconhecidos por ter essas atitudes.

Nunca pressuponha que os funcionários sabem quais são os ideais da empresa. Reserve um tempo para ensiná-los a eles.

71. Três maneiras de melhorar seu desempenho

MUITAS EMPRESAS FRACASSAM por conta da falta de êxito dos líderes.

No entanto, o mau desempenho pode ser evitado. Veja como:

Priorize a execução. Quantas vezes você já ouviu um alto executivo dizer, ao se ver diante de uma adversidade, que vai voltar aos princípios fundamentais? Faz todo o sentido, mas a intenção desaparece assim que a pressão diminui. O desafio, portanto, é mantê-la elevada. É essencial continuar a trabalhar com senso de urgência, o que pode ser feito incutindo-se na mente de todos a importância de se sustentar um desempenho de nível superior. Crie indicadores de desempenho e certifique-se de que você e a equipe os respeitem. Pode não ser divertido, mas é uma forma de garantir que os níveis de qualidade e prestação de serviço permaneçam altos.

Visite o local de trabalho dos funcionários. Bons executivos não se baseiam apenas em relatórios mensais ou no que os subordinados diretos lhes comunicam. Esses gerentes passam tempo com o pessoal da linha de frente que cria o produto ou presta o serviço, levantam questões construtivas e sabem ouvir. Eles interagem com a equipe para descobrir novas e melhores maneiras de execução, de modo que funcionários e clientes saiam ganhando.

Acompanhe o processo. Quando gerentes se veem sem tempo, muitas vezes a primeira tarefa que eliminam é o acompanhamento do fluxo de trabalho. Uma boa execução exige constante monitoramento. Acompanhar o processo significa entrar em contato com clientes para verificar o desempenho do produto ou serviço. Para isso, também é preciso garantir à equipe os recursos prometidos.[9]

O aprimoramento da execução começa por aqueles que possuem maior responsabilidade: os líderes!

72. Saiba recuar para liderar

É RESPONSABILIDADE DO LÍDER OFERECER ORIENTAÇÃO. Porém, em determinadas situações, eles precisam *recebê-la*, e podem ter dificuldade em saber quando deixar os outros os ajudarem nesse sentido. Nenhum líder pode – ou deve – fazer tudo.

Então, quando ele deve recuar para que outros possam assumir o comando? Veja, a seguir, três perguntas que podem ajudá-lo a tomar essa decisão:

O que você está tentando alcançar em seu papel de liderança? Líderes devem sempre olhar mais à frente, no intuito de vasculhar o terreno em busca de novas oportunidades e desafios iminentes. Quando se concentra demais no tempo presente, você acaba gerenciando detalhes, em vez de pessoas. Uma administração efetiva é fundamental para se manter a ordem, é claro, mas um gerente que se permite afundar em minúcias deixa de aplicar seus talentos em prol do aperfeiçoamento da empresa.

Este projeto é a melhor maneira de utilizar seu tempo? Antes de assumir um projeto, pense bem se vale a pena investir tempo nele. Reunir-se com clientes e funcionários, ajudar na resolução de problemas, ouvir a equipe e oferecer orientação a terceiros também são ações que fazem parte das obrigações de um líder.

Você confia que outros possam assumir o comando? Quando um líder abre mão de certas atribuições, não significa que está desistindo. Ele deve sempre manter total controle sobre suas responsabilidades: tomar decisões, oferecer orientação e motivar a equipe.[10]

Líderes precisam se encarregar das questões que exigem seu envolvimento direto. Nas demais situações, devem sair de cena e permitir que outros funcionários façam o trabalho.

Pense nisso...

De que maneiras você pode melhorar a execução no contexto da missão da empresa?

Pergunte-se como aliar contribuições individuais ao cumprimento da missão da empresa.

Pense em duas atitudes específicas para melhorar a execução na organização.

O que você pode fazer para garantir que os funcionários possuam o tempo e os recursos necessários para executar o trabalho da maneira correta?

$$\textbf{Desempenho} = \frac{\textbf{atenção + empenho}}{\textbf{trabalho}}$$

73. Não se entregue ao derrotismo

O DERROTISMO É A AUSÊNCIA DE ESPERANÇA e indica que o sistema tem uma pane. Desistir pode ser uma opção, mas não é a única. Reflita sobre as seguintes observações:

Enterre os mortos. É preciso encarar a realidade e reconhecer que não fizemos o bastante. Podemos até ter tido sucesso em outros tempos, mas, agora, os clientes não podem arcar com o produto ou serviço que temos a oferecer ou descobriram que ele não é mais indispensável. Descubra a verdade e a aceite. Ao mesmo tempo, reserve um tempo para colocar um ponto final nesse capítulo. Conserve as lembranças positivas, assim como as boas pessoas que ajudaram você. Lamente o que foi perdido.

Decida seguir em frente. Você tem uma escolha: desistir ou seguir em frente. As duas são justificáveis; porém, se resolver ir adiante, é preciso estar determinado a pensar de forma positiva. Uma colega minha, Kathy MacDonald, defende que muitas vezes os gerentes devem assumir as rédeas da situação – não podem ficar sempre esperando orientações superiores. Portanto, na falta de uma diretriz, siga em frente. Tome atitudes condizentes com a visão e a missão da empresa.

Busque renovação. Se a situação está muito ruim, é hora de agir de forma diferente. Reflita sobre cada passo de cada operação para analisar como realizá-las com mais eficiência. Cortar custos nem sempre é a saída; reestruturar valores, sim, e começa pelo seu estilo de gestão. Descubra maneiras de fazer diferente.

Essa renovação pode exigir que as pessoas troquem de papéis e funções. Dê mais responsabilidade a funcionários mais jovens. Atribua mais tarefas de orientação aos experientes, no intuito de preparar a nova geração para a liderança. Cada empresa precisará encontrar a própria maneira de repensar os princípios administrativos.

Ignorar o derrotismo é arriscado. Reconheça-o para que possa superá-lo, em vez de se render a ele.

74. Inspire entusiasmo pelo trabalho

TER ENTUSIASMO ou paixão pelo que se faz é fundamental.

Em última análise, gerar paixão pelo trabalho não se limita a estimular as pessoas; trata-se de buscar sentido e relevância para suas ações o tempo todo. Então, como você pode cultivar entusiasmo em seus funcionários de maneira significativa? Veja, a seguir, algumas sugestões:

Concentre-se no lado positivo. Você percebe na mesma hora quando um executivo se preocupa com a empresa; nesses casos, sua paixão fica quase palpável. Pela minha experiência, os gestores que andam pelos corredores, acenam ou dizem palavras motivacionais a quem os encontra são os que obtêm os melhores resultados. Eles se reúnem frequentemente com funcionários, clientes, fornecedores e investidores, e se mantêm a par dos problemas e preocupações de todos os envolvidos.

Enfrente os pontos negativos. Líderes apaixonados pelo que fazem não são ingênuos sonhadores; são muito bem informados, exatamente por passarem muito tempo fora do escritório. Sabem, por experiência própria, o que funciona ou não e, como se relacionam com pessoas em todos os níveis hierárquicos da empresa, podem mobilizar os funcionários de forma mais rápida para que os problemas sejam resolvidos.

Tenha expectativas altas. Líderes que se importam com seu trabalho e estabelecem um padrão de excelência desafiam os demais a fazerem o mesmo, mas precisam se lembrar de buscar o equilíbrio nessa abordagem – devem saber que, às vezes, é necessário aliviar a carga de trabalho, mas nunca as expectativas.

Irradiar paixão não é desculpa para ignorar os princípios fundamentais do trabalho.

75. Lidere como um vendedor

LÍDERES PODEM TIRAR LIÇÕES DE COMO um bom vendedor se relaciona com os clientes.

Tenha empatia pela ambição alheia. Recorra ao que muitos de nós almejamos: deixar um legado. Vendedores e líderes experientes sabem se relacionar com a aspiração das outras pessoas por algo maior que elas mesmas. Se você precisar gerar entusiasmo por uma nova iniciativa ou pelo lançamento de um produto, concentre-se no ganho que poderão obter para a empresa. Líderes inteligentes deixam claro que essas ações positivas só acontecem quando funcionários talentosos se unem para concretizá-las.

Enfrente os pontos negativos. O processo de venda sempre encontra resistência. Do ponto de vista comercial, funcionários (e clientes) talvez prefiram a manutenção do status quo, pois, mesmo que a situação esteja desconfortável, pelo menos é conhecida. Você não pode ignorar os pontos negativos; enfrente-os sem medo. Reconheça sua existência e neutralize-os com argumentos convincentes. Importante: nunca faça promessas que não possa cumprir.

Transforme algo negativo em positivo, sempre que possível. Por exemplo, reestruturações sempre trazem à mente corte de pessoal. Reconheça essa preocupação – para então descartá-la, por ser infundada, ou reconhecer que ela é válida. Em seguida, admita que a reestruturação será dolorosa no curto prazo, mas que irá gerar benefícios mais à frente, como mais oportunidades para as pessoas otimizarem suas habilidades e alcançarem maior sucesso para si mesmas e para a empresa.

As vendas devem começar pela alta gerência. Quando funcionários veem líderes vendendo algo para um cliente ou promovendo uma iniciativa pelos corredores da empresa, eles entendem que ninguém é poderoso ou importante demais para assumir a função de vendedor. Todos os membros da empresa deveriam pensar em vender – ou, para ser mais realista, divulgar – o fruto do seu trabalho. Uma forma de fazer isso é defender o serviço realizado pela companhia, atestando a qualidade dos produtos e sua importância para melhorar a vida de outras pessoas.

Tome cuidado para não abusar, ou você pode acabar parecendo ardiloso. Contenha seu entusiasmo tomando periódicas doses de realidade e ouvindo o que as pessoas envolvidas têm a dizer.

Pense nisso...

Quais atitudes você pode tomar para garantir que os funcionários saibam que você os valoriza pela vital contribuição que dão para o sucesso da empresa?

Pense em como você vincula o trabalho de um funcionário ao desempenho da empresa.

Como possibilitar que subordinados diretos assumam o comando de determinados projetos? O que fazer para auxiliá-los?

Que atitudes específicas você pode tomar para gerar entusiasmo em relação ao trabalho?

Compromisso = dedicação + entusiasmo

76. Cinco maneiras de lidar com quem você não se dá bem

COMO LÍDER, ÀS VEZES VOCÊ PRECISARÁ de ajuda para descobrir como lidar com pessoas que talvez não queiram lhe dar ouvidos.

Seja acessível. Procure entender como seus interlocutores pensam. Esteja disponível para uma conversa informal.

Conheça os fatos. Quando temos paixão por determinado assunto, nossa tendência é nos valermos de argumentos emotivos, em vez de apresentarmos o plano de negócios. Certifique-se de conhecê-lo.

Conte uma história. Acrescente histórias à sua argumentação. Elas tornam seu *case* mais compreensível e significativo.

Não jogue baixo. Concentre-se em sua argumentação e procure não difamar os adversários. Em suma: é importante manter a calma, além de tratar os que discordam de você como colegas, não como inimigos. Mesmo que partam para os insultos, mantenha a cabeça fria.

Recorra à "boa-fé". Obter apoio para uma iniciativa requer a ajuda de várias pessoas; um líder deve uni-las, estender a mão e exaltar os valores de quem discorda de seu ponto de vista. Para buscar um meio-termo, procure relacionar os valores dos opositores com os seus.

Você pode até não ganhar a batalha, mas passará a ser visto como alguém que sabe defender argumentos com serenidade e compostura, o que contará pontos para você mais adiante.

Pense nisso...

Como você pode transmitir seu ponto de vista de modo a demonstrar que tem a mente aberta?

Empatia = mente aberta + disposição

77. Quando a situação se agravar, assuma a liderança

AS PESSOAS ADMIRAM UMA LIDERANÇA FORTE, especialmente em momentos de crise.

Nada é mais esclarecedor que um discurso embasado. Comunicar-se de forma sincera demonstra que você é uma pessoa honesta e confiável.

Explique como a crise afeta o negócio. Para isso, convoque uma reunião com a equipe. Ainda é cedo para saber como a empresa será atingida? Se for o caso, admita esse fato e, então, mantenha os funcionários informados sobre qualquer desdobramento.

Concentre-se no trabalho. A melhor maneira de se manter em um emprego é continuar fazendo o que exigem de você. Gerentes e funcionários devem se concentrar na execução – fazer o trabalho da maneira certa, dentro do prazo e do orçamento.[11]

> Nas palavras do lendário treinador de basquete John Wooden: "Não deixe o que não pode ser feito interferir no que pode."

78. Quando tudo sai errado

DEIXAR DE REAGIR A UMA CRISE é uma falha de liderança. É importante saber quando se envolver na questão.

Diante de uma crise, um líder deve:

Ser visto. Quando surgem problemas, é fácil perceber se um líder está à altura da tarefa. Se um chefe se mantém escondido ou isolado com a alta gerência, inacessível aos funcionários, está claro que ele não é a pessoa certa para o cargo.

Ser ouvido. Queremos saber o que se passa na cabeça de nossos líderes; eles precisam nos comunicar o que estão pensando por meio de palavras e atitudes. Se não transmitem mensagem alguma, cria-se um vácuo de informação, o que favorece a proliferação de boatos.

Estar presente. Esta é a parte mais difícil e significa fazer parte da ação, envolver-se ativamente no processo de enfrentar a crise ou reerguer a empresa após o período de turbulência.

A dura realidade do gerenciamento de crises é que elas são imprevisíveis. Raramente seguem um roteiro predefinido. Líderes precisam estar atentos e engajados sempre que requisitados e transmitir uma sensação de serenidade e controle. Um líder que não enfrenta as adversidades ou parece totalmente perdido cria a pior imagem de si mesmo. Esse tipo de postura gera medo, do qual nada de positivo é extraído.[12]

Nenhum líder pode impedir um furacão ou as consequências, por exemplo, do recall de um produto, mas ele pode dar um passo à frente e assumir o comando da situação. Para tanto, é preciso conhecer as circunstâncias, confiar no bom senso dos colegas de trabalho e tomar decisões de forma deliberada e firme. É isso que chamamos de liderança.

79. Desenvolva um plano de combate à crise

CRISES PODEM ACONTECER A QUALQUER MOMENTO. O desafio é se preparar para assumir a liderança quando o pior acontecer. Veja algumas dicas de como administrar a si mesmo e a imagem que você passará a seus funcionários quando estiver sob pressão.

Prepare-se. A única certeza que se pode ter em relação a uma crise é a de que ela provavelmente chegará quando você menos esperar. Você não tem como se preparar para os detalhes, mas para reagir a ela, sim. Executivos, e não só empresas, devem ter planos de combate nesses casos. Pense no que você diria e na maneira como se expressaria. Praticar algum tipo de meditação vai ajudá-lo a manter a calma. Nada poderá prepará-lo para a gravidade do que pode ocorrer, mas pensar com antecedência em como reagir é um bom treinamento.

Elabore sua mensagem. Pense no que irá dizer. Não suba ao palco achando que pode improvisar. Faça um roteiro e anote ideias para tópicos. Você pode até redigir um relatório sobre a atual situação e usá-lo como introdução. Reúna-se com a equipe para ouvir sugestões e demonstre companheirismo ao considerá-las.

Vá direto ao ponto. Quando subir ao palco, aborde imediatamente o problema central. Reconheça a gravidade da situação e os danos causados. Por exemplo, se houve um incêndio nas instalações, comece falando sobre o acidente em si e, então, sobre os feridos. Expresse suas condolências pelas vítimas e pelas famílias. Você talvez também possa falar sobre qual será o impacto da perda dessas instalações para a produção. Mas guarde os detalhes para depois; seja claro e conciso nas observações.

Abra espaço para perguntas. Os bons líderes ganham destaque neste momento. Convoque a plateia (jornalistas ou funcionários) a fazer perguntas. Seja o mais franco possível nas respostas. Convide também especialistas no tema para se juntarem a você no palco e falarem das respectivas áreas de conhecimento. Se não souber a resposta a uma pergunta, admita e prometa dar um retorno o mais rápido possível. Ao abrir esse espaço, você demonstra que está no comando e é capaz de reagir a imprevistos.

Responsabilize-se por seus atos. Um líder do alto escalão é responsável pela maneira como a empresa reage a um momento de crise. Deixe claro que você está no comando. As pessoas querem ter a certeza de que uma figura de autoridade está encarregada da questão e das consequências. Essa pessoa não garante resultados positivos, mas assegura aos funcionários que alguém está a par da situação.[13]

Preparar-se para liderar quando tudo der errado é a primeira lição de gerenciamento de crises.

Pense nisso...

Como você se certificará de estar no comando quando a crise se instalar?

Qual será seu primeiro passo ao desenvolver um plano de combate à crise? Quem você irá convocar para ajudá-lo?

Que medidas você tomará pessoalmente para garantir que o equilíbrio e a calma diante das adversidades serão mantidos? Conhece alguém que tenha passado por dificuldades semelhantes e que possa aconselhá-lo? Que perguntas fará a essa pessoa?

Como você irá restaurar o entusiasmo no ambiente de trabalho depois que a crise passar? Qual será sua primeira atitude? Quais são suas expectativas de sucesso?

$$\textbf{Preparação} = \frac{\textbf{previsão + planejamento}}{\textbf{praticidade}}$$

80. Corte a negatividade pela raiz

LÍDERES PRECISAM ESCOLHER AS PALAVRAS COM ATENÇÃO.

Usar o tom certo ao falar é uma questão de compreender o contexto e as pessoas da equipe e de, então, escolher palavras que abordem a crise de forma realista, mas sem gerar medo. Veja, a seguir, algumas sugestões para elaborar seu discurso.

Pense mais à frente. Se sua empresa está passando por problemas graves, reflita sobre como pode explicá-los. Não use palavras como "estupidez" ou "idiotice" ao se referir à alta gerência. Você pode até ter vontade de dizê-las, mas evite. Prefira palavras como "lapso" ou "desatenção". Identificar culpados é bom para desabafar, mas não para gerar confiança na empresa.

Faça uma pausa antes de falar. Quando alguém lhe fizer uma pergunta sobre o negócio, faça uma pausa antes de responder para transmitir uma sensação de tranquilidade e demonstrar que você está no controle. Talvez não esteja, mas prefira que a equipe acredite que sim. A pausa também lhe dará tempo para organizar as ideias ou esfriar a cabeça, se você estiver se sentindo assoberbado.

Evite exageros. Assim como não se deve jogar gasolina em uma fogueira, não use palavras como "desastroso", "catástrofe" e "calamidade", que só servem para aumentar a tensão, quando o trabalho de um líder é justamente aliviá-la. Use termos como "grave", "difícil" e "equivocado", que deixam claro o que você quer dizer sem elevar a pressão sanguínea dos funcionários.

Transmita a urgência da situação. Tempos difíceis exigem palavras duras, mas não se esqueça de falar de maneira a focar no que as pessoas *precisam* fazer, não no que *não podem* fazer. Isto é, fale especificamente sobre como os funcionários são capazes de fazer mais com menos recursos ao eliminarem tarefas menos importantes.

> Evite apontar culpados. Assuma o comando do que você pode controlar, como sua ética de trabalho e sua atitude.

Palavras + tom = significado

81. Como se dirigir a uma plateia hostil

NEM TODOS SERÃO RECEPTIVOS ao seu discurso de líder. Caso precise encarar uma plateia que talvez não o receba bem, fale com estilo:

Seja breve. Prepare observações diretas e pontuais.

Aborde a proposta, não as personalidades. Concentre-se nos fatos, não na pessoa que está fazendo as perguntas. Ela pode ser desagradável, mas você deve tratá-la com respeito.

Mantenha o profissionalismo e a paciência. Preste atenção no que os outros têm a dizer. Mesmo que discorde deles, não perca a compostura.

Nunca morda a isca. Sempre haverá alguém tentando lhe dar uma rasteira. Não dê oportunidade para isso. Argumente a favor de si mesmo e da empresa, mas nunca pareça estar na defensiva.

Irradie confiança. Aja como uma pessoa experiente. Passe a impressão de estar relaxado e no controle de suas emoções. É recomendável até sorrir, especialmente quando você estiver falando sobre amenidades.

Expor-se dessa maneira pode parecer cansativo, mas, como líder, você assumiu a obrigação junto à companhia de vir a público – sem contar que isso também é importante para sua credibilidade.

Essas regras são tão simples que podem parecer um insulto. Mas é justamente esta a questão. Descumpri-las seria um insulto à sua reputação, prejudicando sua imagem e mais ainda a empresa.

Pense nisso...

Como você pode desenvolver um discurso que resuma sua postura de liderança?

Tente se lembrar de uma ocasião em que tenha passado a impressão errada por ter perdido a calma. Qual foi a reação das outras pessoas? O que você faria de forma diferente desta vez?

Pense de que maneiras você pode manter o autocontrole quando o interlocutor estiver perdendo o dele.

Dê um exemplo de como você pode eliminar o derrotismo e voltar a se concentrar nas oportunidades.

Compostura = serenidade + controle

82. Privilegie os princípios em detrimento da política

CEDER OU NÃO CEDER?

Princípios são os valores fundamentais que moldam a atitude de um líder e compõem o propósito da empresa sob seu comando. Esses valores podem incluir honestidade, integridade e respeito pela dignidade humana.

Políticas, por outro lado, são as práticas seguidas por um líder e pela empresa. As políticas também podem ser embasadas nos valores fundamentais – geralmente é o caso –, mas não são iguais aos princípios. Estes, por serem essenciais para a crença no que se faz, não podem ser alterados. Já as políticas estão sujeitas a mudanças, de acordo com as circunstâncias.

> A responsabilidade de um líder é fazer o certo para as pessoas sob seu comando. Ser fiel a valores e princípios é uma questão de integridade. Modificar a política da empresa para ajudá-la a se adequar às mudanças – e, portanto, estar mais preparada para servir no futuro – é positivo.

83. Promova a união em prol do bem comum

O PAPEL DE UM LÍDER É UNIR AS PESSOAS na defesa do bem comum. Isso pode ser feito de quatro maneiras:

1. **Demonstre a visão da empresa e imponha um senso de urgência**. Apresentar a visão da empresa é importante, mas gerar o ímpeto necessário para fazer com que todos a incorporem é mais difícil. É aí que os altos executivos precisam deixar bem clara a missão da empresa em suas apresentações e desafiar os subordinados diretos a fazerem o mesmo. Para isso eles devem traduzir a visão apresentada em atitudes cotidianas, de modo que seus funcionários saibam o que esperar deles.

2. **Responsabilize os funcionários por suas atitudes**. Expectativas são relativamente simples de criar. O desafio está em cumpri-las. Quando há muito em jogo, gerentes abaixo das expectativas são transferidos para outros cargos ou demitidos. Se isso realmente acontecer algumas vezes, as pessoas entenderão o recado bem rapidamente. Executivos no topo da hierarquia não estão isentos de avaliação. A responsabilização é um dever de todos.

3. **Descentralize o processo de tomada de decisão**. Funcionários querem ter a liberdade de expressar seus pontos de vista sobre questões fundamentais para a empresa. Nenhuma organização sobrevive muito tempo se todos pensarem e agirem da mesma forma. Líderes inteligentes abrem espaço para divergências. Você precisa incentivar funcionários de todos os níveis a tomarem decisões

adequadas, que complementem a visão, a missão e os valores da empresa, permitindo que eles contribuam com suas ideias e, ao mesmo tempo, mantenham a espinha dorsal da empresa (a missão) intacta.

4. **Celebre bons resultados**. Administrar um empreendimento de larga escala é duro – e, quando a empresa é desafiada a mudar, torna-se mais difícil ainda. Os funcionários podem perder o foco muito depressa. Por isso, quem está no topo precisa reconhecer a conclusão de etapas decisivas e, o mais importante, dar valor aos que ajudaram a empresa a chegar até ali.[14]

> Se os funcionários de médio escalão e da linha de frente não acreditarem nas diretrizes, não irão cumpri-las. É nesses momentos que um líder forte, aliado a um sistema administrativo de peso, se faz essencial.

Pense nisso...

Como você irá demonstrar que a colaboração é importante para o sucesso da empresa?

Tente se lembrar de uma ocasião em que tenha defendido seus princípios. O que aconteceu? Qual foi a reação das outras pessoas? Você voltaria a fazer o mesmo? Por quê?

Dê um exemplo de como promoverá a união em defesa do bem comum na organização.

Que medidas você tomará para garantir que todos tenham ciência de seus papéis na concretização da missão da empresa?

Bem comum = propósito + engajamento

84. Elimine conflitos

DIVERGÊNCIAS SÃO POSITIVAS; conflitos não. Discordâncias normalmente giram em torno de ideias; os conflitos se concentram nas pessoas. Veja como eliminá-los:

Investigue as origens. Descubra por que os colegas de trabalho estão com esse problema. Muitas vezes, as raízes da discórdia estão em um passado distante. Um funcionário pode se sentir diminuído porque suas ideias foram rejeitadas pelo chefe enquanto as de um colega foram aceitas. Outro talvez tenha a sensação de não estar recebendo uma quantidade justa de tempo e recursos para concluir um projeto. E ainda pode ter aquele que talvez se sinta desprezado por não ter obtido a promoção que esperava. Questões como essas, se não forem abordadas com rapidez, podem se deteriorar com o tempo e gerar um ambiente de hostilidade.

Mantenha o devido distanciamento. Se um chefe for responsável por um problema, ele deve admiti-lo e pedir desculpas. Tente resolver a situação buscando um diálogo melhor com os envolvidos. No entanto, se a semente da discórdia foi plantada antes de sua gestão, reconheça a existência da mágoa, mas não tome partido. Em outras palavras, mantenha o devido distanciamento e não se envolva no assunto. Caso contrário, estará apenas permitindo que as pessoas continuem mergulhadas na própria angústia.

Neutralize o conflito. Deixe claro que a cooperação entre funcionários não é opcional. Gerentes que permitem que os subordinados ajam de má-fé estão dando ainda mais motivo para desentendimento entre as partes em conflito. Institua uma política de tolerância zero para a discórdia e o choque de personalidades, e faça todos, inclusive você, se comprometerem a respeitá-la.

Encontre um meio-termo. Pessoas em conflito não têm a menor dificuldade em identificar as diferenças que alimentam a discórdia entre elas. O desafio para um chefe é fazer os envolvidos deixarem isso de lado. A melhor maneira é identificar objetivos em comum. Por exemplo, ambas as partes querem que a empresa tenha sucesso. Esclareça que a discórdia está destruindo essa proposta e insista para que os envolvidos coloquem um ponto final na questão.

Continue de olho. Só porque você conseguiu que os funcionários parassem de gritar um com o outro não significa que eles estejam trabalhando em equipe. Continue monitorando a situação. Fique atento a sinais entre os antigos rivais, como expressão fechada, falta de contato visual e ausência de diálogo. Reconheça contribuições individuais, mas, ao mesmo tempo, deixe claro que cooperação é fundamental. Qualquer funcionário que desrespeitar os colegas deve ser eliminado da equipe.

> Divergências sobre determinados assuntos são sinal de um ambiente de trabalho saudável. Discórdia entre funcionários é sinal de que algo está errado. É função dos gerentes incentivar comportamentos que não marginalizem membros da equipe.

Pense nisso...

De que maneiras você enfatizará que valoriza um diálogo aberto e franco com os subordinados diretos?

Como irá garantir que, quando tensões surgirem, você se concentrará na raiz do problema, não nos sintomas?

Reflita sobre por que é tão importante que você se mantenha acima do conflito em momentos de tensão.

Dê um exemplo de como você receberá um feedback dos funcionários de braços abertos.

Diálogo honesto = franqueza + verdade

85. Corrija eventuais injustiças

QUANDO FUNCIONÁRIOS DA EMPRESA quebram as regras, cabe a você reverter a situação. A presença física de um líder, assim como seu envolvimento pessoal, demonstra que atitudes serão tomadas.

Enfrente a questão. Quando acontece um escândalo, as empresas procuram se defender. O melhor a fazer, no entanto, é dizer toda a verdade. Fugir do problema, em vez de enfrentá-lo, só piora a situação.

Compense o erro. Peça desculpas e corrija a injustiça. Aja com rapidez e eficiência. Não poupe esforços para compensar a vítima. Lembre-se sempre de que foi sua empresa que cometeu o erro. É sua responsabilidade consertá-lo.

Deixe a pessoa lesada extravasar a raiva. Quando as pessoas são prejudicadas por um serviço ou produto oferecido por você, é sua obrigação indenizá-las. Parte desse processo envolve mais que um pedido de desculpas. Deixe as vítimas desabafarem. Ouça com atenção a dor que a companhia lhes causou. Não é agradável, mas é uma etapa necessária do processo de cura.

Participe do processo. Quando surgem problemas dentro da empresa, nem sempre basta sair de cena e deixar que os outros façam todo o trabalho. Às vezes, é necessário partir para a linha de frente e resolver tudo de lá.

Uma lição para os líderes: permaneça engajado. Você não pode controlar a situação, mas sua reação a ela, sim. Às vezes, esse empenho é a única esperança que resta para a empresa.

Pense nisso...

De que maneiras você pode criar um ambiente de trabalho em que as pessoas possam admitir seus erros e corrigi-los?

Como você vai fazer os funcionários terem confiança suficiente para levar preocupações a você quando se sentirem lesados?

Tente se lembrar de uma ocasião em que tenha compensado um erro cometido no trabalho. Qual foi a reação das outras pessoas? O que você aprendeu com a experiência?

Desculpar-se = reconhecimento + compensação

86. Perguntas que o ajudarão a orientar os funcionários

A PRIORIDADE DE UM LÍDER É AJUDAR os funcionários a realizar melhor o trabalho. O coaching desempenha um papel fundamental nesse processo de capacitação.

Quando escreve seus artigos, a romancista Ellis Avery costuma se perguntar os motivos e as intenções dos personagens. Com uma pequena adaptação, duas dessas perguntas são adequadas para gerentes interessados em desenvolver os talentos dos funcionários:[15]

O que meu funcionário deseja? Essa pergunta revela o que motiva a pessoa em questão. Alguns querem ser promovidos; outros buscam oportunidades de desenvolvimento profissional. Muitos querem ter chance de ganhar mais. Quase todos estão em busca de reconhecimento, um dos mais básicos desejos humanos. Cabe ao gerente descobrir a motivação do funcionário, de modo a poder se comunicar com ele de maneira relevante e significativa.

O que está impedindo meu funcionário de alcançar seu objetivo? Todos nós, por mais bem-sucedidos que sejamos, temos pontos fracos. Cabe ao gerente identificar não só as qualidades, como também as deficiências do funcionário. Este pode, por exemplo, ter dificuldades em se comunicar ou em assumir a responsabilidade por seus atos.

Podemos acrescentar também uma pergunta exclusiva para gerentes: **O que posso fazer para ajudar meu funcionário a alcançar o sucesso?** O subordinado deve poder contar com o gerente. Algumas vezes, a função do líder será desafiá-lo ao lhe atribuir metas que exigirão grande esforço; em outras, será incentivá-lo a superar um obstáculo.

Não se esqueça de que a função do coach nunca é realizar o trabalho do funcionário por ele, mas ajudá-lo a descobrir o que fazer para obter sucesso.

É mais fácil lidar com essas perguntas em sessões regulares. O tom deve ser ao mesmo tempo assertivo e descontraído. O gerente que desempenha o papel de coach demonstra confiança na capacidade do funcionário e contribui para que ele tenha um bom desempenho.

Líderes que assumem o papel de coach tratam os funcionários como indivíduos e os veem como colaboradores.

87. Estimule a equipe

ENCONTRAR MANEIRAS DE INCENTIVAR A EQUIPE é o trabalho do gerente. Fazê-lo quando as condições são desfavoráveis estabelece bases fortes para conquistar a confiança de todos.

Veja, a seguir, algumas sugestões:

Aconselhe. Compartilhe o que você sabe sobre os negócios, mesmo quando a notícia não for boa. Esteja disposto a ouvir as preocupações dos funcionários. Seja generoso e dê conselhos sobre o trabalho, assim como insights sobre como obter um desempenho melhor. Gerenciar uma equipe hoje em dia é, em grande parte, uma questão de coaching, ou seja, colocar as pessoas nas posições certas e, então, ajudá-las a ter sucesso. O moral dos funcionários não precisa ficar prejudicado só porque os negócios andam mal. Líderes combatem a negatividade valorizando as contribuições dos colaboradores.

Aja. Líderes agem em benefício da equipe, o que significa que você precisa refletir sobre como pode ajudar os funcionários a fazer o trabalho. Forneça recursos adicionais se possível. Se não, ofereça-se para ajudar. Agir em prol da equipe também inclui ser gentil. Reconheça quando etapas importantes forem concluídas. No âmbito individual, fique atento a funcionários que possam estar com dificuldades. Talvez eles precisem de uma assistência a mais ou de trabalhar em conjunto com um colega. Pode ser que necessitem de treinamento adicional. Essa ajuda extra, no entanto, deve ser temporária; um crônico desempenho abaixo da média é indicativo de que a pessoa está no emprego errado.

Faça uma advertência. Preste atenção no silêncio e nas palavras dos funcionários. Queixas e resmungos fazem parte do dia a dia em qualquer ambiente empresarial, mas se começarem a interferir no trabalho, o gerente deve entrar em cena. Queixas são aceitáveis, mas ladainhas são inadmissíveis. As primeiras podem ser justificadas; as últimas não, pois afetam o comportamento da equipe. O gerente precisa manter os funcionários concentrados no trabalho e nas metas da empresa.

Quando tudo parece perdido, o líder deve ser o primeiro a renovar as esperanças da equipe.

Pense nisso...

O que você pode fazer para disseminar confiança por toda a empresa?

Tente se lembrar de quando dedicou tempo a aconselhar um funcionário. O que você fez para ajudá-lo a alcançar o sucesso?

O que fará na próxima vez em que a equipe não conseguir cumprir as metas preestabelecidas? Que atitude tomará para colocá-la nos eixos? De que maneiras poderá estimulá-la a seguir em frente?

Dê um exemplo de como demonstrar que contribuições individuais resultam no sucesso da equipe.

Sucesso da equipe = colaboração + compromisso

88. Lidere com paixão

A PAIXÃO É O QUE FAZ VOCÊ SE LEVANTAR da cama pela manhã; é o combustível que lhe dá a energia necessária para mergulhar no trabalho e obter resultados.

Para demonstrar paixão:

Estabeleça metas ambiciosas. Pessoas que adoram o que fazem gostam de testar os próprios limites e ver aonde conseguem chegar. Ao estabelecer metas que exigirão esforço redobrado, você incentiva funcionários motivados a fazer o seu melhor. O desafio combina com a paixão deles.

Estimule seus funcionários. Dê feedback com frequência, para que eles saibam como anda o próprio desempenho. Quando sua equipe perder o rumo, mostre-lhe o caminho de volta para que ela possa aplicar sua energia no sentido de servir as necessidades do grupo.

Avalie os resultados. Pessoas apaixonadas pelo que fazem adoram saber como estão se saindo e qual é o valor de seu trabalho para a empresa. Mostre-lhes que a contribuição delas é importante para se alcançarem as metas estabelecidas. Seja qual for o seu método de avaliação, divulgue-o.

Utilize a paixão como alavanca para ajudar indivíduos e equipes a fazer um trabalho melhor.

89. Lidere com compaixão

COMPAIXÃO É O QUE VOCÊ OFERECE ÀS OUTRAS PESSOAS; é como você mostra que se importa e se preocupa com elas.

Para cultivá-la:

Dê conselhos com frequência. Gerenciar pessoas é o processo de capacitá-las para obter sucesso ou, mais especificamente, colocá-las em posições equiparáveis à sua. Seja um guia para elas.

Coloque as pessoas em primeiro lugar. Procure maneiras de pôr esse conceito em prática. Insista em políticas de RH favoráveis para sua equipe no que diz respeito a licenças por motivos de doença ou para cuidados com crianças ou idosos. Cogite oferecer horários flexíveis. Busque formas de atender funcionários que queiram trabalhar em meio expediente, como pais com crianças pequenas.

Apoie o voluntariado. Deixe claro que a empresa doará tempo e energia para serviços comunitários. O beneficiado pode ser uma escola da região, um abrigo para famílias carentes ou várias iniciativas de caridade. Algumas empresas oferecem licenças remuneradas para funcionários envolvidos com atividades voluntárias em suas comunidades.

Compaixão é a demonstração explícita de carinho e zelo para com o próximo.

Pense nisso...

Por que é necessário que os funcionários tenham paixão pelo que fazem?

Como um líder deveria incentivar um sentimento de orgulho no local de trabalho?

Dê um exemplo de como você já demonstrou compaixão por um funcionário.

Por que é desejável equilibrar a paixão pelo trabalho com a compaixão pelas pessoas? Qual o resultado disso? Por quê? O que isso pode nos ensinar?

Acessibilidade = paixão/compaixão

90. Como contribuir mais com a empresa?

MUITAS VEZES, NÃO CONSEGUIMOS ENXERGAR o que poderíamos fazer de forma diferente. Para isso, precisamos adotar uma nova perspectiva no que diz respeito às nossas contribuições para a empresa.

Com esse objetivo em mente, considere as três perguntas a seguir:

> **Como estou agregando valor à organização?** Elabore uma lista de suas responsabilidades. Pense no que está fazendo agora. Suas últimas ações têm a ver com algum dos itens listados? Por exemplo, se você é vice-presidente de finanças e passa boa parte do tempo fechando balanços, está fazendo menos do que poderia. Da mesma forma, se é um executivo de vendas que passa o tempo todo no escritório e nunca está com funcionários ou clientes, talvez algo esteja errado. Ajuste suas funções a seu papel na empresa.

> **Como estou incentivando outras pessoas a contribuir também?** Líderes devem trazer à tona o melhor de suas equipes. Que atitudes você vem tomando para delegar mais responsabilidade a seus funcionários? Você tem apresentado expectativas claras e acompanhado o processo até o fim para se certificar de que a equipe possui os recursos necessários para fazer o trabalho? Olhando mais à frente, como está investindo no desenvolvimento das pessoas para que elas um dia possam assumir seu papel ou o de outros líderes do alto escalão? Essas são questão importantes, e todas elas exercem impacto na contribuição que todos dão para a empresa.

O que eu poderia estar fazendo de forma diferente? Esta pergunta é difícil. Por mais que você consiga saber como está utilizando seu tempo no momento, é preciso refletir se isso está sendo feito da melhor maneira. Por exemplo, líderes do alto escalão devem se desvencilhar de funções de planejamento, delegando-as a outros funcionários, para poderem ter tempo de agir de forma estratégica. Em parte, isso pode significar passar mais tempo com os clientes ou envolver networking com colegas do mesmo ramo, mas que não sejam da empresa, de modo a ganhar uma perspectiva mais ampla sobre o negócio.

Novas formas de agir nem sempre são necessárias, mas líderes precisam se manter abertos à possibilidade de mudança para poderem oferecer a orientação exigida pela empresa.

Pense nisso...

De que maneiras você pode contribuir com a empresa?

Dê um exemplo de como já reconsiderou suas atividades para agir de outra forma. Como passou a pensar mais estrategicamente? Como aprendeu a delegar tarefas a terceiros?

Reflita sobre como pode aprender com colegas de dentro e de fora da empresa. Que perguntas específicas irá fazer a eles no sentido de ganhar uma nova perspectiva sobre seu papel na empresa?

Liderança equilibrada = estabilidade + flexibilidade

91. Os funcionários o ouvem?

A COMUNICAÇÃO NÃO SE LIMITA ao que a gerência diz – também está relacionada com o que os funcionários escutam.

Veja, a seguir, algumas maneiras de conferir se sua mensagem está sendo ouvida.

Teste o seu discurso. Assim que você desenvolvê-lo, teste-o com os funcionários de maneira informal, individualmente ou em reuniões com um grupo seleto. Faça questão de conferir as reações de alguns dos funcionários mais difíceis de conquistar. Pergunte-lhes se gostariam de fazer alguma objeção. Isso produzirá dois resultados: primeiro, sua fala será aprimorada, o que aumentará suas chances de sucesso; segundo, será mais provável que até seus críticos mais ferrenhos se sintam parte do processo de comunicação e, na melhor das hipóteses, se juntem à causa, passando, eles próprios, a disseminar suas ideias.

Incentive o processo. Sempre que convocar uma série de reuniões para dizer algo pessoalmente ou que recorrer a meios eletrônicos e outros veículos de comunicação para tal, algumas pessoas faltarão às reuniões ou apagarão os e-mails. Assim que começar a transmitir o que precisa, use incentivos básicos para induzir as pessoas a ouvi-lo ou lê-lo até o final. Organize um café da manhã ou almoço de negócios para aumentar a probabilidade de que elas compareçam. Se for enviar uma nova diretriz por e-mail, solicite confirmação de recebimento e diga que irá distribuir cupons ou pequenos vales-presentes (que possam ser trocados em um café perto do trabalho, por exemplo) para os primeiros X funcionários que a lerem.

Analise os resultados. Depois que o ciclo de comunicação se completar, continue acompanhando o processo. Alguns funcionários faltaram à reunião de briefing? Marque conversas individuais com essas pessoas para se certificar de que saibam o que foi discutido e volte a falar com todos para perguntar se alguém tem dúvidas quanto às mudanças ou um feedback sobre a comunicação. Se trabalhar em uma grande empresa, você pode recorrer a um questionário. Estruture-o de modo a captar como o discurso foi recebido no âmbito emocional, assim como até que ponto o conteúdo foi entendido. Se os resultados da análise deixarem a desejar, talvez seja interessante conduzir uma nova leva de comunicados.

A resistência a comunicados é um sintoma de disfunção administrativa e um sinal de que nem todos estão no mesmo barco. Quanto mais cedo os gerentes enfrentarem a situação, maior a probabilidade de que o problema seja resolvido e as pessoas voltem a bordo.

Pense nisso...

De que maneiras você pode aprimorar a comunicação no ambiente de trabalho?

Que medidas você tomará para assegurar que foi ouvido ou lido? Como confirmará que foi compreendido?

O que você pode fazer para se certificar de que está dando o exemplo certo no que diz respeito a ouvir com mais atenção?

Comunicação ≅ trabalho em equipe

92. Quatro maneiras de reverter uma decisão

ÀS VEZES, UM LÍDER PRECISA REVERTER uma decisão importante ou se manter na direção escolhida. Saber o que e quando fazer é o que define o legado de um gestor.

Examinar uma decisão dentro do contexto é fundamental para determinar sua eficácia. Faça a si mesmo quatro perguntas que podem ajudá-lo a ter uma visão melhor da situação:

Por que a decisão é importante? Grandes decisões precisam ser analisadas com cautela. Geralmente, parte da equação envolve testar suposições, por exemplo: "Qual será o custo de não fazer o que estamos propondo?" Rever o motivo que levou à decisão é um bom primeiro passo, pois confirmará por que você optou por determinado caminho. Decisões saudáveis reafirmam a missão da empresa.

Quem é beneficiado pela decisão? Existem vencedores e perdedores em cada decisão, pois elas provocam mudanças. Como consequência, algumas pessoas podem ganhar poder e influência, enquanto outras perdem ambos. Muitos podem ser prejudicados. Espere resistência; a maneira como lidará com ela será um indicador da sua liderança. Talvez você precise participar de forma mais ativa para garantir que todos se unam pelo bem da empresa.

Qual é o custo de reverter a decisão? Reverter uma decisão de peso é arriscado, especialmente se tempo e recursos tiverem sido investidos para concretizá-la. Com isso, talvez a empresa pareça dispersa ou até volúvel. Ao mesmo tempo, recuar pode ser prudente, pois evitará que a organização desperdice um dinheiro que seria mal-utilizado.

O que é melhor para a empresa? O desafio que líderes enfrentam todos os dias é o de fazer o necessário para o sucesso do negócio. Quando uma decisão se mostra impopular, talvez faça sentido insistir, pois os benefícios de longo prazo justificam as dificuldades iniciais. Isso é muito comum durante reestruturações.[16]

> Existe uma área em que os líderes não podem voltar atrás: a da integridade. Você pode modificar as políticas da empresa, mas não abrir mão de seus princípios. As primeiras são negociáveis; os últimos, fundamentais.

Pense nisso...

Como você pode reverter uma decisão de modo a se adaptar a novas circunstâncias?

Tente se lembrar de uma ocasião em que a empresa tenha revertido uma decisão importante. Quais foram as consequências? O que você aprendeu com a experiência?

Que medidas você pode tomar para minimizar os riscos quando uma decisão precisar ser revertida? O que dirá para os envolvidos – em especial, clientes e funcionários?

Como irá garantir que, uma vez revertida a decisão, a empresa sairá ganhando?

Decisão = consequência

93. Como gerenciar sem revelar informações

ESTA É UMA DAS SITUAÇÕES MAIS DIFÍCEIS que um gerente pode enfrentar: ter informações que afetam a situação profissional dos funcionários e, no entanto, não poder revelá-las.

Embora muitas empresas busquem transparência no que diz respeito a fusões e aquisições (assim como a reestruturações corporativas), muitas vezes os gerentes estão cientes dos detalhes, mas recebem ordens para manterem segredo.

Concentrar-se no lado positivo não significa inventar histórias ou falar em linguagem técnica e hermética, mas ser sincero. Veja como:

Mantenha todos a par dos acontecimentos. Prometa revelar tudo que puder sobre as notícias assim que possível. Se puder afastar o maior medo de todos (cortes de pessoal), faça isso. Se não, garanta às pessoas que elas serão as primeiras a saber de tudo.

Responda às perguntas de forma respeitosa. Os funcionários vão querer saber o que devem esperar e farão perguntas. Seja paciente. Se seu ganha-pão estivesse em risco, você faria o mesmo.

Não espere por novas notícias. Faça como os chefes de equipes de socorristas. Numa sequência de desastres, eles emitem boletins em intervalos regulares sobre o status das operações de resgate. Mesmo que não tenham nada a acrescentar, transmitem um comunicado ou se disponibilizam para responder a perguntas da imprensa. Em momentos como esses, informação nunca é demais.

Peça sugestões positivas. Um gerente de médio escalão não pode garantir que seu departamento não sofrerá mudanças, mas, às vezes, pode ter a iniciativa de salvá-lo. Isto é, ele pode promover o bom trabalho da equipe de modo a demonstrar o valor do grupo, assim como o das pessoas que colaboram individualmente com ele.

> Ninguém gosta da sensação de incerteza, mas a melhor maneira de lidar com ela é admitir sua existência. Evitar o problema só serve para gerar dúvidas que podem paralisar a produtividade.

94. Demonstre estar no comando

ÀS VEZES, LÍDERES SE COMUNICAM MELHOR sem usar palavras. O mais importante é ter equilíbrio e convicção.

Nem sempre um gestor precisa usar palavras para dizer o que quer; às vezes, pistas não verbais dizem mais que quaisquer outros indícios conseguiriam. Infelizmente, é muito comum que essas pistas acabem surtindo o efeito errado; ou seja, transmitindo distração, descaso ou até aversão. Aqueles que estão no poder, em especial quando ocupam os postos mais altos na hierarquia da empresa, devem ter muito cuidado não só com o discurso, mas também com a linguagem corporal. Veja, a seguir, algumas sugestões:

Relaxe os músculos do rosto. Isso o faz parecer mais receptivo, o que, por sua vez, vai melhorar sua relação com os colegas. (Você pode praticar esse relaxamento diante do espelho. Não se trata de vaidade, mas de bom senso.)

Peça para alguém vigiá-lo. Peça a um colega de confiança que observe suas expressões faciais e sua postura durante uma reunião, especialmente se houver discussões acaloradas. Se parecer entediado ou irritado ou ficar olhando pela janela esparramado na cadeira, você passará a ideia de que gostaria de estar em qualquer lugar, menos ali. Se sua expressão estiver carrancuda, pode acabar demonstrando contrariedade. Tenha em mente que as pessoas não estão apenas ouvindo o que você diz, mas observando sua postura enquanto fala.

Não seja ríspido. Em algumas culturas, em especial entre os povos indígenas norte-americanos e os escandinavos, o líder de um grupo fala muito pouco; em geral, ele se pronuncia por último, apenas sobre questões importantes. Líderes empresariais também podem incentivar os subordinados a falar primeiro e sem restrições; interrompa-os apenas no momento que tiver algo verdadeiramente importante para dizer. Quando a tensão toma conta do ambiente, aquele que demonstra confiança serena ganha a atenção do resto do grupo. Não erga a voz. Em vez disso, assim que tiver a atenção de todos, fale com calma e convicção.

> Nada irradia mais poder que o controle sobre as próprias emoções quando todos estão gritando.

Pense nisso...

De que maneiras você pode usar seus comunicados para manter as pessoas atualizadas e informadas sobre questões importantes?

Pense no que você fará quando tiver informações que, por motivos de confidencialidade empresarial, não podem ser reveladas. Como irá lidar com essa situação?

Quando você tiver permissão para falar sobre o que antes era sigiloso, qual será sua primeira atitude? Como irá conservar a confiança dos funcionários?

Dê um exemplo de uma situação em que tenha mantido a compostura e o autocontrole emocional. Qual foi a reação das outras pessoas? O que você aprendeu com a experiência?

Transparência = franqueza + confiança

95. Por que líderes usam histórias

LÍDERES USAM HISTÓRIAS PARA DRAMATIZAR a necessidade de urgência e humanizar acontecimentos de modo a facilitar o entendimento. Há vários motivos para isso:

Informar. Todos queremos conhecer os fatos, mas se um líder quiser que eles tenham importância, precisará acrescentar algo a eles. Histórias têm a capacidade de dar vida a dados que a princípio eram sucintos. Por exemplo, por que não usar um gráfico para falar sobre o aumento das vendas ou o declínio da qualidade de um produto ou serviço? Use informações para ilustrar argumentos. Então, intercale com a explicação histórias sobre o efeito produzido nos indivíduos, nas equipes e na empresa em geral.

Cativar. Se quiser que as pessoas o apoiem, você precisa envolvê-las no processo, captar seu interesse. Por exemplo, se um executivo tiver de convencer as pessoas a apoiar uma iniciativa, ele pode descrever como o consumidor será beneficiado, mas também enfatizar como ela será positiva para os funcionários. (Mais clientes, mais vendas, mais receita, mais vagas de emprego, mais oportunidades de promoção, etc.)

Inspirar. Com o tempo, funcionários perdem o entusiasmo. Mesmo quando seus empregos estão em risco, eles só compram a ideia de "relevância" até certo ponto. Cabe aos líderes encontrar maneiras de inspirar as equipes. As histórias são o veículo ideal para mobilizar as pessoas, pois, quando contadas da maneira correta, são capazes de dramatizar a condição humana.

Histórias inspiradoras oferecem amparo nos momentos difíceis. Elas transmitem a confiança de que somos capazes de alcançar o objetivo em questão de forma comovente e edificante.

96. Conte sua história de forma impactante

LÍDERES QUE CONTAM BOAS HISTÓRIAS seguem cinco regras básicas:

Conheça a mensagem. Quando o assunto é persuasão, resistimos quando as pessoas tentam nos dizer o que pensar, mas estamos abertos a ouvir seus argumentos. Pregadores inteligentes usam essa técnica nos sermões dominicais. Boas histórias possuem mais que um ponto de vista: carregam uma mensagem. Reflita sobre o que você deseja que as outras pessoas façam e por quê. É isso que você precisa transmitir aos outros.

Encontre o exemplo certo. Procure saber o que as pessoas à sua volta estão fazendo que tenha a ver com seu ponto de vista. Se quiser convencê-las a adotar seus procedimentos de segurança, por exemplo, conte uma história sobre alguém que não os tenha seguido. Se quiser demonstrar os benefícios de um novo processo, use outra para explicar qual será a vantagem para os indivíduos.

Estruture sua narrativa. O melhor a fazer é usar exemplos reais. Fale sobre o que um funcionário fez para garantir a segurança no trabalho ou como uma equipe que adotou um novo processo alcançou melhores resultados. Associe o desempenho exemplar de um funcionário a uma história por meio de uma estrutura narrativa sólida. Descreva a situação. Fale sobre o aconteceu. Para concluir, defenda os benefícios.

Sustente os argumentos com fatos. Recorrer a uma abordagem narrativa não o impede de usar dados concretos.

Inclua-os no começo ou no fim da história. Ao mesmo tempo, humanize-os ao indicar seu impacto sobre os indivíduos. Por exemplo, um corte de 10% no orçamento significa que teremos de reduzir despesas de viagem. Um aumento de 15% na receita é sinal de que podemos ampliar as instalações.

Transmita paixão. Não precisa exagerar, mas você deve deixar clara sua convicção por meio da escolha de palavras – prefira as que façam surtir imagens na mente – e da retórica – erga a voz ao abordar um ponto essencial, faça pausas para enfatizar determinadas questões e mantenha um ritmo de voz cadenciado.

Praticar os fundamentos de narrativas convincentes torna os líderes melhores contadores de histórias.

Pense nisso...

De que maneiras você pode utilizar histórias para celebrar as conquistas individuais e coletivas dentro da empresa?

Que ideias pode reforçar ao contar histórias de sucesso?

Identifique pessoas que sejam fontes de inspiração para boas histórias. Elas podem ser ou não da companhia. Reflita sobre por que elas o inspiram.

Desenvolva uma história que gostaria de contar a um amigo sobre as boas iniciativas de seus funcionários.

Histórias = propósito + narrativa + honestidade

97. Os três pilares da inspiração

INSPIRAÇÃO É O QUE AS PESSOAS QUEREM que seus líderes lhes ofereçam todos os dias. Ela se baseia em três atributos:

Realismo. Líderes inspiradores têm os pés no chão. Eles conhecem os fatos, mas não se deixam abalar por eles, o que os separa daqueles que agem rápido demais, sem pensar nas consequências. Estão muito cientes do que pode dar errado e são honestos quanto a isso. É essa honestidade que atrai a colaboração de indivíduos competentes, pois estes percebem que o gestor, embora conheça os fatos, está disposto a inovar e ter perseverança.

Aperfeiçoamento. A vontade de propiciar aperfeiçoamento é fundamental para ser alguém inspirador. Portanto, líderes com essa característica dão valor a inovações e são naturalmente criativos, pois não se contentam com o status quo. Além disso, buscam abrir as portas para pessoas que possam ser criativas em suas funções, seja no desenvolvimento de produtos ou na logística. Incentivam funcionários a pensar de forma independente.

Otimismo. Você precisa acreditar que o futuro será melhor. É mais fácil quando a economia está em crescimento; e mais difícil quando está em recessão. O otimismo não é uma característica que só um líder inspirador possui; ele é contagioso. As outras pessoas o sentem e querem se alimentar dele. É fundamental não só para que o trabalho seja feito no presente, mas também para desenvolver iniciativas futuras que possibilitarão à empresa ter sucesso no longo prazo.

A inspiração indica o caminho a seguir, e cabe aos líderes oferecê-la a seus funcionários todos os dias.

98. Como inspirar as pessoas

NÃO HÁ FÓRMULAS MÁGICAS PARA ISSO. A inspiração requer reflexão e prática.

Assim como acontece com a motivação, ela deve estar organicamente vinculada à situação. Para os líderes, a melhor forma de transmitir inspiração é enraizá-la no trabalho. Para tanto, eles devem se fazer as três perguntas a seguir:

Qual o significado do que fazemos? Para obter a resposta, os gestores devem relacionar o serviço feito pela equipe e por cada funcionário com a missão e o propósito da empresa. Os funcionários querem ter certeza de que o próprio trabalho é importante.

Como podemos medir o impacto? As pessoas se sentem motivadas quando veem melhorias. O líder deve mostrar de que forma as contribuições da equipe possibilitaram que a empresa alcançasse metas e precisa comunicar esse feito a todos.

Como recompensamos bons resultados? Quando a equipe obtém sucesso, o líder precisa reconhecer as conquistas individuais e coletivas. O reconhecimento e as recompensas fazem as pessoas sentirem orgulho do que alcançaram.

A maneira como os líderes transmitem a inspiração deve ser sincera e ter como base o trabalho de seus funcionários.

Pense nisso...

De que maneiras você pode extrair inspiração do próprio trabalho e do da equipe?

Por que é tão importante ser realista ao transmitir inspiração? O que acontece se você não se ancorar na realidade?

Qual a relação entre inspiração e aperfeiçoamento? Como você pode unir os dois para que as pessoas tenham mais confiança nas próprias capacidades?

Que atitudes específicas você irá tomar para inspirar as pessoas ao redor? Quando irá começar?

Inspiração = propósito + resultado pretendido

99. A hora de jogar a toalha

POR NATUREZA, LÍDERES NÃO DESISTEM FACILMENTE. Sua força está na determinação de perseverar. Haverá vezes, no entanto, em que eles precisarão perceber que não estão mais contribuindo para o fortalecimento da empresa.

Quando isso acontece, o líder deve se fazer as seguintes perguntas:

Sou capaz de ajudar minha equipe a vencer? Limitações físicas ou doenças podem tornar essa percepção mais óbvia, porém não a tornará menos dolorosa. Limitações relacionadas com a incapacidade de oferecer um bom desempenho ou com a perda de confiança podem ser motivos ainda mais irrefutáveis para desistir.

Estou impedindo a equipe de alcançar o sucesso? Essa pergunta capta o cerne da questão. Se as circunstâncias não permitem que um líder dê o melhor de si ou, pelo menos, ajude os demais a fazê-lo, afastar-se talvez seja a melhor saída.

Outra pessoa poderia fazer melhor o trabalho? Muitas vezes, um líder com limitações continua sendo a melhor opção para a empresa; mas, se existe alguém mais preparado para o desafio em questão, a decisão de tirar o time de campo se torna mais imperativa.

Bons líderes devem saber a hora de dizer adeus e, consequentemente, permitir que suas equipes consigam algo que precisam negar a si mesmos – a oportunidade de alcançar o sucesso.

Pense nisso...

Saiba a hora de abandonar o que está fazendo e partir para outros desafios.

Como sua atual gestão está possibilitando que a equipe obtenha sucesso?

Como sua liderança está fazendo as pessoas se concentrarem nos desafios que terão pela frente?

Como você sabe que é a pessoa certa para liderar a equipe no momento?

Decisão de se afastar ≅ necessidade organizacional

100. Reserve tempo para você fora do trabalho

NÃO ESPERE ATÉ SE APOSENTAR PARA CULTIVAR interesses pessoais. Veja, a seguir, três sugestões que o ajudarão a ampliar seus esforços de criar uma vida fora do trabalho:

Valorize relacionamentos. Para a maioria de nós, a família é o que temos de mais importante. Certifique-se de passar tempo com as pessoas que mais ama. Durante alguns anos, você não estará tão disponível quanto gostaria, mas nunca poupe esforços para estar presente. E não se esqueça dos amigos.

Descubra uma paixão não relacionada ao trabalho. Se tiver a sorte de ser apaixonado por seu trabalho, pode ser difícil achar um hobby que também desperte tanto interesse. Mesmo assim, não deixe de buscá-lo e invista nele: seja golfe, dança de salão, teatro amador ou qualquer outra atividade. Simplesmente encontre algo que traga outro tipo de enriquecimento para sua vida – e dedique tempo a isso.

Doe-se. Defina o que você entende por comunidade – o lugar onde vive, se diverte, pratica alguma atividade religiosa ou busca conforto – e encontre uma maneira de contribuir com ela. Sim, seu tempo é limitado, mas as pessoas que vivem de forma mais plena são justamente as mais ocupadas!

Agora vem a parte difícil. Tudo isso exige tempo para ser desenvolvido e cultivado – mas não abra mão disso. Pesquisas mostram que, hoje em dia, jovens na faixa dos 20 e dos 30 anos são muitos mais espertos que os da minha geração

– os *baby boomers*, nascidos entre o final da Segunda Guerra Mundial e meados da década de 1960 – no que diz respeito a reservar tempo para o que realmente importa para eles.

"E, assim, o círculo se fecha", escreveu William Shakespeare em *Rei Lear* – profundo estudo sobre os efeitos do envelhecimento nos poderosos. É hora de se preparar antes que "o círculo" se feche de tal forma que você não tenha qualquer interesse além do trabalho.

Tempo + você = crescimento pessoal

101. Seis palavras para definir sua liderança

O LEGADO DE UM LÍDER COMEÇA no dia em que ele assume a responsabilidade de liderar.

Uma forma de pensar sobre seu legado é resumir seu estilo de liderança em seis palavras. Trata-se de uma técnica literária adotada por Ernest Hemingway e por milhares de outras pessoas.

Para ajudá-lo a começar, reflita sobre as três perguntas a seguir:

O que me motiva a levantar da cama pela manhã? Essa pergunta é fundamental! O que você faz e por quê? Para alguns, a resposta é a oportunidade de trabalhar com sua equipe em um projeto verdadeiramente significativo, ou seja, que melhore a qualidade de vida de outras pessoas. Se não conseguir pensar em uma resposta, reflita sobre o que não gosta no trabalho. É possível fazer algo para modificar isso ou será que você deve mudar de carreira?

Como posso ajudar alguém? Como humanos, somos motivados a trabalhar em prol de objetivos maiores que nós mesmos. Líderes vencem por meio dos esforços alheios. Portanto, é fundamental que criem condições para que outros tenham sucesso. Eles ajudam aqueles que o cercam a cumprir metas que levem a equipe – e, consequentemente, a empresa – a prosperar.

Por que as pessoas respeitam minha liderança? As pessoas lhe têm como exemplo por obrigação ou por vontade própria? Sua influência talvez seja fruto de sua posição de autoridade, mas você quer que seja por respeitarem seus valores e confiarem em seu exemplo.

Resumir sua liderança em seis palavras o desafia a pensar sobre a natureza de seu impacto nas outras pessoas e no legado que deixará para a organização.[17]

"Grandes ideias. Pensamentos profundos.
Momento verdadeiro."

Pense nisso...

O que você está fazendo para desenvolver seu legado profissional?

Reflita sobre como cria tempo para si mesmo fora do trabalho. O que você faz para enriquecer a vida? Como pode dedicar mais tempo a essa fonte de enriquecimento pessoal?

Dê um exemplo de como você gostaria de ser lembrado pelos colegas.

Escreva uma biografia em seis palavras que resuma seu legado de liderança.

$$\textbf{Legado} = \frac{\textbf{contribuição}}{\textbf{tempo}}$$

Autoavaliação

Reflita sobre as afirmações a seguir e indique seu grau de concordância em uma escala 1 a 5, sendo 1 "discordo plenamente" e 5 "concordo plenamente".

_____ A equipe sabe que é meu trabalho estabelecer expectativas e garantir que elas sejam cumpridas.

_____ A equipe conhece meu posicionamento em relação às questões relacionadas com a empresa.

_____ Os membros da equipe esperam que eu explique seus papéis no cumprimento da missão da empresa.

_____ A equipe acredita que tenho o necessário para ajudar as pessoas a fazerem melhor o trabalho.

_____ Os membros da equipe dizem que coloco o interesse deles em primeiro lugar.

_____ Os membros da equipe acreditam que meu papel é ajudá-los a alcançar o sucesso individual e coletivo.

_____ Os membros da equipe reconhecem minha liderança quando levam seus problemas para mim.

_____ A equipe confia que sou capaz de tomar decisões difíceis.

_____ A equipe se sente confortável em me mostrar pontos de vista alternativos.

_____ A equipe reconhece que busco fazer o melhor para a empresa.

_____ PONTUAÇÃO TOTAL

50 Perfeito (e impossível).

49-30 Você ainda pode melhorar.

< 30 Dê crédito a si mesmo por ter sido honesto.

Conselhos práticos

Lembre-se de que as pessoas darão mais valor ao que você faz, *não ao que* diz. *Concentre-se mais em ações e menos em palavras.*

- Atribua tarefas aos funcionários e permita que eles descubram sozinhos como executá-las. Esteja disponível para fornecer orientações quando requisitadas.
- Encare divergências como oportunidades de explorar alternativas. Elas são a melhor proteção contra o conformismo.
- Quando tomar uma decisão difícil, coloque a empresa, não você mesmo, em primeiro lugar.
- Elogie a equipe quando ela perseverar frente a uma adversidade. Esteja disponível para dar apoio aos funcionários e seja seu maior defensor.
- Tenha senso de humor. A vida já é dura o suficiente sem que você seja sério o tempo todo. Encare-a com leveza.
- Faça questão de se reunir e conviver com funcionários de todos os níveis hierárquicos. Ouça mais e fale menos.
- Veja obstáculos como oportunidades de aprendizado e de exercer sua liderança.

Manual

Esta seção é uma guia de referência que lista comportamentos administrativos e de liderança que gerentes precisam demonstrar no ambiente de trabalho, de modo a cultivar níveis mais elevados de confiança e alcançar os resultados pretendidos.

COLETIVAMENTE

Crie uma visão e uma missão em comum:

- Utilize o propósito da empresa para desenvolver uma visão clara e concisa, assim como uma missão bem direcionada.
- Comunique essa visão de forma clara e sucinta.
- Estabeleça um forte vínculo entre a visão e a missão da empresa.
- Sustente a visão e a missão com valores empresariais que reforcem comportamentos positivos.

Promova o alinhamento entre a missão e as estratégias da empresa:

- Comunique a visão para todos.
- Convide cada equipe a desenvolver visões e missões próprias, relacionadas com as da empresa.
- Desenvolva estratégias que reforcem sua visão e sua missão.
- Convide a equipe a desenvolver táticas para sustentar as estratégias.

Promova o alto desempenho em sua empresa:

- Crie equipes com indivíduos cujos talentos e habilidades sejam complementares.

- Instigue um espírito de inovação que recompense indivíduos e equipes por buscarem soluções diferentes (desde que alinhadas à visão e à missão da empresa).
- Estabeleça metas que desafiem a equipe a ir além e indivíduos a darem o melhor de si.
- Delegue autoridade e reponsabilidades a líderes de equipe. Dê o crédito a eles pelos resultados.
- Forneça o apoio e os recursos de que as equipes precisam para fazer o trabalho.
- Reconheça indivíduos que apresentarem um desempenho excepcional.
- Identifique funcionários que mereçam receber maiores níveis de autoridade e responsabilidade.

INDIVIDUALMENTE

Seja visto:

- Visite os funcionários em seus locais de trabalho.
- Use videoconferências para manter contato visual com a equipe.
- Institua uma política de portas abertas para que os funcionários possam ir até você, se necessário.
- Marque reuniões onde o trabalho é feito: nas baias, na linha de montagem, etc.

Seja ouvido:

- Transmita mensagens coerentes, claras e concisas.
- Ouça mais e fale menos.
- Certifique-se de que foi compreendido.
- Incentive o feedback dos subordinados diretos (e também dos colegas de mesmo nível hierárquico).

Esteja presente:

- Seja acessível e esteja sempre disponível para ajudar.

- Lidere por meio de exemplos e deixe suas ações falarem mais alto que suas palavras.
- Aja em benefício da equipe.
- Se houver necessidade de sacrifícios, seja o primeiro a fazê-los.

Baseie seu coaching no que você vê, ouve e faz:

- Marque reuniões de coaching com subordinados diretos.
- Prepare-se para elas com antecedência.
- Desenvolva uma abordagem com base em diálogos construtivos que lhe permitam aconselhar, desafiar e incentivar os subordinados diretos.
- Descubra o que motiva seus funcionários e potencialize essas motivações.
- Ofereça críticas construtivas que afirmem as contribuições dos funcionários e indiquem aspectos que possam ser aprimorados.
- Faça questão de que todos os funcionários tenham um plano de desenvolvimento que englobe metas relativas ao trabalho e à carreira.

Agradecimentos

AS IDEIAS APRESENTADAS NESTE LIVRO foram inspiradas pelos excelentes profissionais aos quais tive a oportunidade de ensinar e que aconselhei. Foram as perguntas e os insights deles que me levaram a escrevê-lo.

Algumas partes deste guia foram adaptadas de contribuições minhas para publicações como HBR.org, FastCompany.com, Inc.com e WashingtonPost.com. Também gostaria de fazer um agradecimento especial a Sarah Green, da *Harvard Business Review*, e a Lillian Cunningham, do WashingtonPost.com, por me incentivarem a contribuir para seus periódicos.

Estou em dívida com Mark Royal, um dos diretores do escritório de Chicago do Hay Group. Mark e sua equipe forneceram os dados presentes nas partes deste livro dedicadas às pesquisas. Agradeço também à Andrea Friedman, da Bliss Public Relations, por nos ter apresentado.

Devo ainda mencionar minha amiga Kathy MacDonald, por ter me ajudado a refletir sobre o processo de criação do livro.

Um agradecimento especial a Christina Parisi, minha editora na AMACOM Books, receptiva à ideia do livro e que me incentivou do início ao fim. Também gostaria de agradecer à minha revisora, Kate Petrella, por sua ajuda, e ao meu agente, Jeff Herman.

Por fim, como em todos os meus livros, agradeço à Gail Campanella, minha esposa e meu grande amor, pelos insights e pelo apoio.

Notas

VOCÊ

1. Adaptado de "How to Crack the Self-Awareness Paradigm", HBR.org, 23 de dezembro de 2009.
2. Adaptação da citação de James MacGregor Burns, em seu livro *Leadership* (Nova York: Harper Perennial/Torchbook, 1979), pp. 9-45.
3. Adaptado de "Leadership Is More than a Buzz Word", WashingtonPost.com, seção On Leadership, 4 de outubro de 2010.
4. Adaptado de "Flunking the Accountability Test", WashingtonPost.com, seção On Leadership, 30 de março de 2010.
5. Adaptado de "To Lead More Effectively, Boost Your Confidence", HBR.org, 13 de julho de 2009.
6. Adaptado de "Finding Hope in Troubled Times", HBR.org, 3 de dezembro de 2009; Paul Johnson, *Churchill* (Nova York: Viking, 2009).
7. Adaptado de "The Value of Being an Underdog", CBSi/BNET, 23 de março de 2011.
8. Citação de John Wooden: http://www.hoopsu.com/99-wisdoms-fromwooden.
9. Adaptado de "Managing Your Own Fears", HBR.org, 8 de outubro de 2008.
10. Adaptado de "What a 100 Year Old Coach Can Teach Us about Leadership", FastCompany.com, 7 de setembro de 2010. Este trecho é inspirado no conselho fornecido a Lloyd Carr, ex-técnico da Universidade de Michigan, por Red Simmons, ex-aluno da universidade e treinador de atletismo.

COLEGAS

1. Adaptado de "Secret to Leadership? Keeping It Simple", CBS MoneyWatch, 12 de dezembro de 2011. O autor gostaria de dar crédito a dois trabalhos que contribuíram para esta seção: Michael Useem, *The Leader's Checklist: 15 Mission-Critical Principles* (Filadélfia: Wharton Digital Press, 2011), e Jim Collins e Morten Hansen, *Great by Choice* (Nova York: Harper Business, 2011).

2. Adaptado de "Combating the 'Not My Job' Mentality", CBSi/BNET, 19 de abril de 2011.
3. Adaptado de "5 Ways to Influence People Who Do Not Report to You", Fastcompany.com, 9 de dezembro de 2010.
4. Adaptado de "Leading Your Peers: How to Do It Right", CBSi/BNET, 6 de setembro de 2011. Este trecho é inspirado no artigo de Dave Davies, "Covering the Plate: A Baseball Catcher Tells All", NPR Fresh Air, 18 de agosto de 2011: http://www.npr.org/2011/08/18/139649031/covering--the-plate-abaseball-catcher-tells-all.
5. Adaptado de "Avoid Burnout by Focusing on Your Team", HBR.org, 8 de novembro de 2010.
6. Adaptado de "How Successful Leaders Improve Their Team's Performance", CBSi/BNET, 4 de outubro de 2011.
7. Adaptado de "Are You a Supportive Teammate?", CBSi/BNET, 15 de maio de 2011.
8. Adaptado de "Is Your Staff Too Nice?", CBSi/BNET, 21 de abril de 2011.
9. Idem.
10. Adaptado de "Tips for Making Small Talk with Bigwigs", HBR.org, 22 de março de 2010.
11. Adaptado de "Lead through Your Boss", WashingtonPost.com, seção On Leadership, 22 de abril de 2010.
12. Adaptado de "How to Recognize (and Cure) Your Own Hubris", HBR.org, publicado por John Baldoni em 8 de setembro de 2010.
13. Idem.
14. Adaptado de "Cubicle Coaching", FastCompany.com, 11 de abril de 2007. O autor gostaria também de agradecer ao trabalho do coach executivo Jodi Knox, Ph. D., entrevistado para o artigo original.

A EMPRESA

1. Paul Hersey, cientista comportamental e executivo, a quem é creditado o conceito de "liderança situacional", processo de gestão e liderança como resposta a mudanças de circunstâncias. Veja http://en.wikipedia.org/wiki/Paul_Hersey.
2. Adaptado de "Know When to Manage behind the Scenes", CBSi/BNET, 5 de agosto de 2011.
3. Inspirado no exemplo de Jim Shepard, antigo CEO da Canfor, citado no artigo de Gordon Pitts, Iain Marlow e Greg Keenan, "Ditch the Yes Men", *Globe and Mail*, 23 de junho de 2011.

4. Adaptado de "Take Conflict out of Management", Inc.com, 1º de dezembro de 2011.
5. Adaptado de "Go Against the Grain", WashingtonPost.com, seção On Leadership, 12 de outubro de 2010.
6. Joe Nocera, "Running G.E., Comfortable in His Skin", *The New York Times*, 9 de junho de 2007.
7. Adaptado de "Judging Talent by What You See, Hear and Understand", FastCompany.com, 8 de agosto de 2010, métodos de citação desenvolvidos por Rich Cho, gerente-geral do Portland Trail Blazers na época da publicação deste artigo.
8. Adaptado de "Strong Character Trumps Perfection", Washington-Post.com, seção On Leadership, 13 de dezembro de 2010.
9. Adaptado de "The Toyota Edition: Why CEOs Fail", WashingtonPost.com, seção On Leadership, 11 de fevereiro de 2010.
10. Adaptado de "The Audacity to Delegate", WashingtonPost.com, seção On Leadership, 12 de novembro de 2009.
11. Adaptado de "Don't Let the Bear Market Ruin Morale", CBSi/BNET, 11 de agosto de 2011.
12. Adaptado de "Leaders Need to Involve Themselves in Crisis", WashingtonPost.com, seção On Leadership, 24 de agosto de 2010.
13. Adaptado de "Don't Wing Your Next Crisis", FastCompany.com, 14 de setembro de 2010.
14. Adaptado de "Is There a Common Cause?", WashingtonPost.com, seção On Leadership, 19 de julho de 2010.
15. Perguntas do autor sobre coaching adaptadas do artigo de Ellis Avery "Digging up the Depths of Desire", *The Wall Street Journal*, 25 de fevereiro de 2012.
16. Adaptado de "Four Ways to Evaluate Such a Big Decision", WashingtonPost.com, seção On Leadership, 22 de novembro de 2010.
17. Adaptado de "Sum Up Your Leadership in Six Words", HBR.org, 9 de junho de 2009. Também inclui citação de "Life Stories Distilled in Six Words", de Neal Conan, NPR Books, 7 de fevereiro de 2008. Veja http://www.npr.org/templates/story/story.php?storyId=18768430. Para obter mais informações sobre biografias em seis palavras, leia "Not Quite What I Was Planning: Six-Word Memoirs by Writers Famous and Obscure"; Rachel Ferschleiser e Larry Smith (org.), Nova York: Harper Perennial, 2008.

CONHEÇA OS CLÁSSICOS DA EDITORA SEXTANTE

1.000 lugares para conhecer antes de morrer, de Patricia Schultz

A História – A Bíblia contada como uma só história do começo ao fim, de The Zondervan Corporation

A última grande lição, de Mitch Albom

Conversando com os espíritos e *Espíritos entre nós*, de James Van Praagh

Desvendando os segredos da linguagem corporal e *Por que os homens fazem sexo e as mulheres fazem amor?*, de Allan e Barbara Pease

Enquanto o amor não vem, de Iyanla Vanzant

Faça o que tem de ser feito, de Bob Nelson

Fora de série – Outliers, de Malcolm Gladwell

Jesus, o maior psicólogo que já existiu, de Mark W. Baker

Mantenha o seu cérebro vivo, de Laurence Katz e Manning Rubin

Mil dias em Veneza, de Marlena de Blasi

Muitas vidas, muitos mestres, de Brian Weiss

Não tenha medo de ser chefe, de Bruce Tulgan

Nunca desista de seus sonhos e *Pais brilhantes, professores fascinantes*, de Augusto Cury

O monge e o executivo, de James C. Hunter

O poder do Agora, de Eckhart Tolle

O que toda mulher inteligente deve saber, de Steven Carter e Julia Sokol

Os segredos da mente milionária, de T. Harv Eker

Por que os homens amam as mulheres poderosas?, de Sherry Argov

Salomão, o homem mais rico que já existiu, de Steven K. Scott

Transformando suor em ouro, de Bernardinho

INFORMAÇÕES SOBRE A SEXTANTE

Para saber mais sobre os títulos e autores
da EDITORA SEXTANTE,
visite o site www.sextante.com.br
e curta as nossas redes sociais.
Além de informações sobre os próximos lançamentos,
você terá acesso a conteúdos exclusivos
e poderá participar de promoções e sorteios.

www.sextante.com.br

facebook.com/esextante

twitter.com/sextante

instagram.com/sextante

skoob.com.br/sextante

Se quiser receber informações por e-mail,
basta se cadastrar diretamente no nosso site
ou enviar uma mensagem para
atendimento@esextante.com.br

Editora Sextante
Rua Voluntários da Pátria, 45 / 1.404 – Botafogo
Rio de Janeiro – RJ – 22270-000 – Brasil
Telefone: (21) 2538-4100 – Fax: (21) 2286-9244
E-mail: atendimento@esextante.com.br